說故事的人 在療傷的路上

十三組在家與國之間往復的真實故事

范琪斐

製作、採訪

目次

推薦序

傾聽傷痛的溫柔空間

彭仁郁（中央研究院民族所副研究員、法國分析空間學會臨床精神分析師、台灣臨床心理學會政治暴力創傷與療癒工作小組召集人）

爲什麼要走進他人的生命？爲什麼蒐集他人的故事，費力記錄下來，還要做成 Podcast 節目？這是最初當我聽說范琪斐要做《說故事的人》系列時，心中浮現的疑惑。她是認眞的嗎？我自問。

在這絕大多數媒體只顧吸睛、賺點閱率，忙著帶風向、操弄輿論，不顧眞相、拋卻價值，甚至蔑視自身新聞專業的時代，眞的還有人在乎嗎？而有誰會想聽他人的生命故事？尤其是那些每日在街道上擦身而過，不起眼的平凡人的故事？我的意思是：眞正的聆聽，而不是爲了滿足偷窺慾，或三分鐘熱度正義感的那種消費式的聽。范琪斐和她的團隊，眞正有心，且有能力，打破這甚囂塵上的商業媒體邏輯嗎？

原本，范琪斐於我而言，只是一個網紅級菁英主流媒體人的名字，說話字正腔圓，報導流暢犀利，追隨者衆。圈內人稱范姐或范姨的她，算是我的高中學姊，但我們的路徑十分不同。可能是因爲來自鄉下農村，我承認對菁英過敏，因而易有偏見。雖然我看起來是個受惠於國民教育而向上社會流動成功的案例，貌似混入了菁英階層，但內心的認同還是農家子弟。這層想像的隔閡，又因她先後曾爲 TVBS 和三立等主流媒體擔任駐紐約特派記者而加深。這些媒體近年的公眾形象，讓人不容易對曾在裡面工作的人產生直觀的信任。

因此，當《說故事的人》節目企劃林瑞珠跟我聯繫，表示要訪問政治受難者、後代和作爲陪伴者的我的時候，我遲疑非常久。心中納悶：像范琪斐這等曾經訪問過蔡英文總統、達賴喇嘛、李察吉爾等無數名人巨星的商業媒體人，眞的能夠懂長期被污名化、邊緣化的政治受難者和家屬的心境嗎？但我深知瑞珠對於白色恐怖歷史的大眾推廣投注甚久，也是我常在社運場合遇見的熟面孔，她的參與讓我願意相信團隊會嚴謹看待政治暴力創傷這個議題。而且，嚴格說來，現在的范琪斐應算是從主流媒體出走的資深自媒體人。我想我應該先收數起懷疑的雷達，給團隊一個機會。

當范琪斐和團隊成員走進我研究室錄製訪談的那一天，機器架好，開聊幾分鐘，我旋即明白自己低估了她看待世事的深廣度，以及她靠近他人心靈深處的能耐。跟網路和電視螢幕上塑造的犀利形象比起來，學姊本人的線條柔和得多，沒有資深媒體人的架子，也更美麗迷人。她的確是名菁英無誤，然是不斷朝向世界開放，懂得借力使力，有所爲與不爲，藉機撥亂反正的那一種。她完全不看稿，想必是已經把製作人前期訪談的內容都消化吸收。她的提問循序漸進，看似無招，卻都溫柔地正中要害。我知道她是做足了功課，有備而來，是玩眞的。

充分的準備，是對受訪者的尊重，而拋開訪綱，才能更敏於受訪者的情緒狀態，在不侵擾的前提下，跟隨她或他到原本意想不到的地方。我想，接受范姐訪談的人，都如此被好好地對待了。繼我之後接受訪談的白色恐怖二代慧瑛告訴我，她本來十分焦慮於錄製過程中可能情緒崩潰，說不出話。但在學姐體貼地帶領下，曾經彷彿一說出就要天翻地覆的那些點，暴風雨中有人同行，也就否極泰來。

相較於政治受難當事人直接遭到國家迫害，白恐家屬的受難經驗更佳幽微，難以言明，一個不留神，只會被當成多舛的身世，彷彿家中長輩受難後，一切衍伸的不公不義，只能自己吞下，不值得被當成一回事。擔心說不出、說不好的憂懼，來自台灣社會長期對威權統治者出自無知的擁戴，或因恐懼而配合噤聲，以至於讓受創者自己都不明白自己究竟經驗了什麼。倘若好不容易說出的經驗不被聽懂，甚至不被相信，對說者而言，就更加證成了選擇開口是錯的，是沒有用的。被懷疑的眼神監看，等同無言的指控，經常是二度傷害的來源。心理治療室或諮商室裡的敘說，是從安全、專注的聽和說的互動裡，讓晦暗不明的經驗，透過二人的共在而顯形。我慶幸慧瑛在學姊同理共感的引領，和前男友（現在的老公）的陪伴下，安然度過受訪的考驗，但將來，她的聲音在不可控、甚至充滿惡意的網路空間展開漫長的旅行時，能否一直受到好的對待？

聽過兩位政治受難者的專訪之後，我心裡僅存的幾絲懸念煙消雲散。流傳坊間的多數白色恐怖敘事版本，多半把政治犯描述成受黨國欺壓的可憐受害者，或將他們推崇爲台灣民主化犧牲的革命英雄。前者教人掬一把同情淚，後者讓人慷慨激昂。但激情過後，這些簡化的樣板敘事，很難在聽者心中留下明晰的印象。我欣喜於兩位十分令人敬重的前輩，在貼著聽衆心跳節奏剪輯的節目成品中，既未被描繪成悲慘可憐的受害者，也沒有被塑造成打落牙齒和血吞，百折不屈、屹立不搖的民主（／族）英雄。范琪斐跟他們的對話，像是捲起的藏寶圖，沿著卷軸緩緩展開，讓聽者在心中逐一拼湊出說者跨越千山萬水後，回望歷史縱深的立體樣貌。他們年輕時各自懷著模糊或清晰的欲望，微渺或高遠的信念與理想，奮力掌握自己的命運，卻也被迫屈從於現實；受盡當年政權的種種壓迫和污衊後，他們對世界仍懷抱大愛，但也暗藏著或許一輩子都化解不了的椎心痛點；爲了不讓傷痛打趴在地，必須春蠶吐絲般，將積累的怨忿轉化爲行動，持續尋找各種可能的方法，爲自己、連同逝去的夥伴爭取公道，顧不得成功或失敗；可一提起自己最親愛的家人跟著受極致之苦，總還是自責不已，彷彿自己當初再努力一些，可能挽回些什麼。我聽著熟識的前輩們，在節目裡對學姐道出了平時戒慎保管，不輕易說出的細節。我相信，那是因爲他們遇見了誠懇且值得信任的聆聽者。我想，如此優質聆聽的對待，將可在公共空間中發揮示範的效果，倘若未來在網路世界裡，果眞出現襲擊這些奮力吐出的見證敍說的惡意時，會有更廣沛的善意湧來，一起護守。

爲了撰寫這篇推薦文，我把說《說故事的人》第一季十三集，從頭到尾仔細聽了一遍。一集集聽下來，我不得不被製作團隊爲了貼近受訪者獨特生命中最柔軟的內裡所付出的細膩、專注與敬重折服。他們宛如心靈的偵探，潛入台灣社會最熾熱卻被忽視的角落，爲聽衆和受訪者自己，揭開隱匿在日常樸實外表下閃爍晶瑩如鑽的靈魂，幫助訴說者和聆聽者調整彼此的呼吸，直到脈搏跳動的頻率逐漸趨近。作爲受過完整心理分析師訓練的人，我可以想像，要讓散布在日常與網路眞實的多重時空，在那三十分鐘的時間裡交疊共振，需要集結多少深厚的專業功力。如今這季節目集結成書，無數個將眞心掏出的對話時刻，轉錄成了可被細細咀嚼的文字，讓生命的力道持續在讀者的眼底和心中迴盪。

在法國求學、工作、生活的八年多裡，除了書本，Radio France-France Culture（法國廣播公司文化頻道）可以說是我最重要的精神食糧。我回到台灣十多年，一直殷殷期盼台灣廣播界的文化土壤能長出足以滋養心靈，幫助我打開心靈複眼，看見生命多樣性的節目。在眾多podcast節目中異軍突起的《說故事的人》，幾乎像是我非常喜歡的兩個法國文化廣播節目“Les Pieds sur terre”（腳踏實地）和“A voix nue”（裸聲直說）的合體。期待學姊帶領的優質專業團隊能繼續發掘散布在台灣諸島，更多被掩蓋、忽視或遺落的生命故事，讓Podcast成爲傾聽傷痛的溫柔空間。

序言

這是我自己最喜歡的作品

我二〇二一年最重要的成果，是做了Podcast「說故事的人」。因爲我一直想講台灣的故事，所以錢的事，沒有想很多，這就是英文講的 passion project 吧？！我回來台灣以後，發現跟我想法一樣的朋友很多。當然，現在時代不一樣，自己發行行銷自己的作品，比以前容易太多。但在業界一、二十年，還有火花，要去做 passion project 才是不容易的地方。但這樣的作品，因爲工法很成熟，常是餘韻十足。

聽過《說故事的人》的朋友們應該馬上會注意到，我在Podcast說故事的方法跟在《TODAY看世界》或《寰宇漫遊》很不同，我常跟團隊講，我希望看《TODAY看世界》或《漫遊》的觀眾會把理性給我們，所以這兩個節目的資訊量會很充足，看完觀眾會說：「原來是這樣！」，但在《說故事的人》，我希望大家把「感性」的部分給我們，聽完後的感覺是：「啊～～～～～～～～～～」。

但我說故事的方法眞的蠻貴的，聽過的朋友應該可以感覺得出來，我們的整體製作很細膩，最後的混音還是在紐約做的。成本是高，但效果眞的很好，我自己認爲一點都不輸美國很成熟的 Podcast 節目的品質。

對我來說，《說故事的人》是我做新聞三十多年來，我自己最最喜歡的作品。

我一直自認是個適應力很強的人，尤其過去十年，我搬了四個都市，從繁華的紐約市，搬到只有一萬人口的聖塔菲，再搬到又是大城市的洛杉磯。我總是可以很快的融入當地的生活，找到讓自己舒服自在的方式。但是四年前從洛杉磯搬台北時，是個很奇怪的經驗。我知道我是回家，但是，是眞的回到台灣才知道，原來「回家」的感覺會這麼強烈。

我常常覺得，好多好多人，不管是在台灣，還是在台灣以外，都不知道現在的台灣是個多特殊的地方，台灣人是個多特殊的群體；但同時我又覺得，好多人不知道，台灣人跟全世界其他地方的人又有多麼相像。

《說故事的人》就是想把我在台灣遇到的人，把他們的故事紀錄下來。我希望我們能用這些人的臉譜，組成一個台灣的面貌。

《說故事的人》是我寫給台灣的情書。

既然是情書，就一定要寫得文情並茂。要寫得生動，要寫得感人，要寫得讓你一看，就覺得，是啊！我小時候就是這樣啊，是啊！我家隔壁的阿姨就是這樣啊，是啊，這就是台灣啊！

在這塊土地上，我們怎麼生活、怎麼思考、經歷了什麼？這些面向的問題，《說故事的人》在不同的受訪者身上感受到解答。

《說故事的人》第一季講了十三組不同的人、不同立場的故事，讓有著精采故事、不被一般主流媒體青睞的人，有說出自己故事的管道。現在它正式以書的形式出版了。

十三組故事由黑體重新編輯成書，加了許多受訪者的肖像插畫與我們當時的工作照片，故事排列的順序與 Podcast 略有不同，重新梳理了人在不同歷史時空的面貌與軌跡，也呈現出台灣這座承接這麼多故事的溫柔島嶼，由外而內的多層次風景：第一組故事先從我最熟悉的紐約講起，疫情改變了這座城市很多事情，而二〇二一年五月台灣的防疫措施升級，對於這個故事切身的感觸增加了許多。幫傭的故事有兩個，分別從第一組故事的照顧老人，再到第二組故事的照顧小孩。後面接著的幾個故事是家庭內部發生的愛與傷害，再慢慢擴大到國家的白色恐怖。接著的好幾個故事，是人如何選擇從中國、西藏與香港離開家園的故事。然後還有兩個國際捐精者及其子嗣的精采故事，重新定義了我們對於家與國的想像。最後，以社子島當結尾，重回在地，既是一個休止符，也是一個起手勢。

這些小人物、日常生活的故事，不希望讀者用理性來「判斷是非」，而是期待用心細細「體會」，不同人面對不同的人生，選擇了什麼樣的抉擇與立場。也許你會說這是別人的「故事」，但許多個故事串起來，這就是屬於「我們的故事」，用理解取代劃分你我，每個人的故事，都可能是你的故事！我們當代的故事，它不一定像童話有套路，卻無比眞實。

無數個人是「數字」，單一個人則是「故事」。在新聞報導裡，事件中的「人」只是個數字，但當鏡頭聚焦在個人，我們會感受到這個人的悲喜、感受他面臨選擇的取捨，感受一個活生生的人，面對生命而成就自己的「故事」。我們說一個個人的故事，累積起來，就是我們當代的面貌，也是《說故事的人》最感動、也最想留下的價値，留下台灣當代的故事。當代人的故事，就是未來人的珍貴史料。

這個節目與這本書能紀錄台灣正在發生的事，你我身邊的人，在將來，也許會有人拿著我們的作品說，你知道嗎？台灣在那個時候，是這個樣子。本來做《說故事的人》我就是有私心的，我一直覺得我最好的學習方式就是去報導，因為要報導，就會很認眞的去訪問一拖拉庫人，看一大堆資料，我眞的很想多了解台灣、多了解這塊土地上生活的點點滴滴，更爽的是，還可以把感想分享給大家。也期待大家的好故事分享給我們，讓我們能繼續做第二季、第三季，很多很多季一直做下去！

在過程中不斷與大家溝通節目的製作理念，一方面讓更多人「聽見」了屬於當代的故事，一方面感受到大家對於我們下一動的期待（也讓人發現其實我眞的很會哭……）！坦白說，對我而言，「先做了再說」是我對《說故事的人》的初衷，先把節目做出來，如果它能感動夠多、跟我們一樣喜愛它的人，那們我們就有機會繼續做下去，做一個我喜歡、你喜歡，我們都喜歡且能在市場生存的作品，即使它不是那麼符合主流。

讓更多的好故事被聽見，是這節目的核心，你對《說故事的人》的支持，能讓更多懷抱著故事的人，有機會說出他們的故事，讓這些人的故事好好訴說，就有更多的人有機會被理解！

我深深相信我們值得一個能跨立場、相互溝通、尊重的社會！

故事・一
疫情下的人

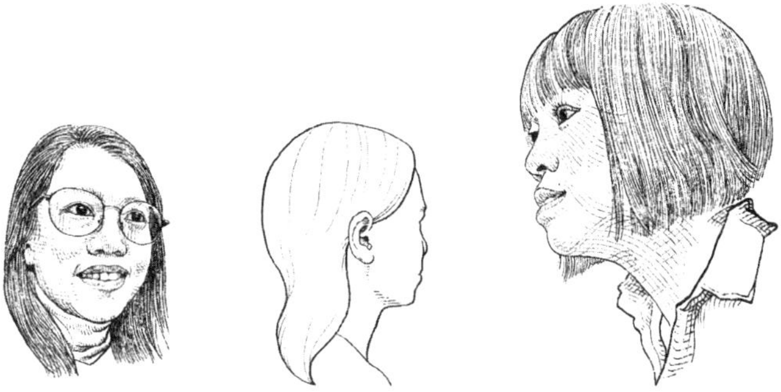

疫情中的你，過得好嗎？

在 Covid-19 疫情爆發之後一年多，台灣最近也升級到第三級警戒了。二〇二一年現在只是第三級，我的生活就已經起了很大的變化：第一個星期，我跟我老公蘿蔔頭就不停地吵架。

我在家工作，他就不能把音樂放出來，一定要戴耳機，我晚上做直播，他又嫌我吵到他睡眠；我很氣，我的直播九點就結束了，又沒有很晚！他理直氣壯地說，可是你明明知道我八點就要上床睡覺！

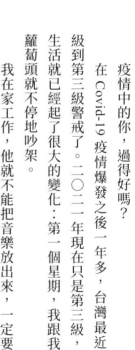

這些我們平常因為各有各的空間，從來不是問題的問題，現在都成了問題。難怪我看歐美的新聞都說，封城期間離婚率長了好幾倍。這次我們就想來跟大家講講，在疫情中，人與人的關係。

我的朋友 Jessica，她住在美國疫情爆發初期情況最嚴重的紐約，我們要先強調一下，紐約二〇二一年五月疫情已經控制住了；由於疫苗施打率高，大家的生活也逐漸恢復正常。但從二〇二〇年三月開始傳出疫情之後，到二〇二〇年的四月底，共有三十多萬人確診，將近兩萬人死亡。醫院過載，連殯儀館也過載，得要租用有冰櫃的貨櫃車來暫時擺放遺體。紐約市於是在去年的三月二十日宣布封城，全面停課，大多數員工得在家上班，所有的娛樂設施關閉，只有一些被政府視為必要的服務，像是賣食物的超商或是藥局可以營業，餐廳禁止內用，要求市民除非必要不得外出，禁止所有群聚。

這個措施一直到六、七月天氣暖了，疫情降低才稍稍地鬆綁，但一直沒有完全解禁；到了十二月，紐約疫情再起，紐約於是又進入封城。《說故事的人》訪問 Jessica 的時候是二〇二一年二月，那時候距離紐約第一次宣布封城已經快一年了。

Jessica 四十多歲，個子雖然小小的，但她一開口就知道不好惹，是我們這一群朋友裡公認的女強人。疫情發生時，她跟她的男朋友一起住在紐約市曼哈頓一個二十坪的公寓裡。

疫情居家日常——用談論「虛擬同事」、散步、傳訊維繫關係

范琪斐　就是我們先講說，你跟你男朋友之間，怎麼樣在這個空間裡面共處好了。天天黏在一起，你覺得享受嗎？

Jessica　剛開始的時候還蠻新鮮的啊，一開始研究很多怎麼烤麵包啊、做蛋糕的料理啊。兩個人就是一張臉嘛！那每天都穿睡褲，看起來也就是很習慣了，所以過了一陣子就開始要再來找樂子的話，我們就開始，嗯……，想像我們是在同一個辦公室的同事，

那我們就開始想像有一個同事叫做瑞秋（Rachel）。

范琪斐　這不是眞的人對不對？

Jessica　喔不是不是不是，是我們兩個想像的。我們就開始八卦，講這個瑞秋的壞話。

范琪斐　講這個不存在的人的壞話，講什麼壞話呢？（笑）

Jessica　找樂子嘛！就像你在辦公室裡面啊，我們就會開始，他會從客廳寫簡訊來跟我說，「欸你有沒有看到那個瑞秋，今天上班又遲到了？」、「你有沒有看到那個瑞秋，今天開會的時候又講一些很無厘頭的話？」或是「那個瑞秋垃圾到處亂丟，很討厭。」所以就是開始自己找樂子。（笑）

范琪斐　可是你說只有二十坪大的空間，所以你們兩個人還要互傳簡訊啊？

Jessica　有的時候，距離才會有點美感嘛。（笑）

范琪斐　所以是刻意的，就是說你在一個角落，我在一個角落，那我們兩個不可以講話，只可以傳簡訊這樣子。

Jessica　對對對對，哈哈哈！（眾笑）像那時候，其實我們兩個最喜歡做的事情就是每天晚上、下班了以後，就在紐約散步，散四個、五個小時的步。**那時候的紐約其實眞的像鬼城一樣**，平常車水馬龍的地方，完全空空蕩蕩的；那種燈火輝煌的地方一個人都沒有，讓你覺得毛毛的，**雞皮疙瘩都起來那種很怪的感覺，可是又有一種很奇怪的美感**。什麼時候才能再看到一次紐約完全沒有觀光客的樣子？所以那時候在那段時間裡面，每天四、五小時的散步，你也會去溝通很多東西，對對方有一點，又更多一層不同的了解，我覺得這個整個疫情下來，這是我滿珍惜的一個經驗喔！那其實不只是跟他啦，跟很多朋友之間也是一樣，那時候每天，我會就這樣子，漫無目的地走個四、五個鐘頭，對我這個老紐約來講，紐約又重新變成我是一個遊客了。我也有朋友在巴黎，或在倫敦、在丹麥、義大利，我們都是以前常常會去旅遊、會去見面的朋友；那這時候大家就互相靠著對方，那我會跟他們一起散步；在巴黎的朋友會用視訊給我看空空蕩蕩的巴黎街道，看完全沒有人排隊的羅浮宮；那在倫敦的朋友，會給我看那個……白金漢宮前面是什麼樣子的，那所以我們就是其實靠這段時間，這個是我覺得蠻珍惜的一段，不只是跟男朋友的關係，跟朋友之間的關係，我們分享了這一些很多，英文說是 quality time 吧，眞的就是很有品質，互相可以貼心聊天的時間。

范琪斐

你說你的朋友在巴黎，會給你看羅浮宮，那你自己給他們看紐約的什麼呢？

Jessica

我印象很深的有一天是在時代廣場，其實想起來會覺得毛毛的，因爲眞的一個人都沒有，一個人都沒有。可是它那些招牌啊！燈啊！全部都還是亮的，它那邊百老匯舞台劇的招牌還是燈火輝煌、很亮，可是裡面就是一個人都沒有。其實還有一個吹薩克斯風的街頭藝人竟然還很堅持的在那邊表演，雖然他知道不會有觀眾，那時候我跟我朋友就在視訊，其實我們兩個都覺得有點，很怪的感覺吧！就是很不眞實的那種感覺！可是有一種，很寂寞可是又很互相支持的感覺，我們就一起在那邊看那個街頭藝人的表演。

范琪斐

當那個愛熱鬧的朋友，在社群網站突然安靜下來……

我自己在紐約也住很久，有陣子還就住在時代廣場裡，我最喜歡講的故事之一，就是我以前做紐約特派的時候，每年都要去報導時代廣場的跨年慶祝活動，我連去了十四年。那小小的地方，每年都要擠上幾百萬人一起開趴，著名的歌手 Jay-Z 說，紐約是個讓你可以實現夢想的水泥叢林；在這裡，你覺得你什麼都可以，光是走在街上就會讓你充滿想法，會讓你煥然一新。但是病毒讓這個充滿能量的城市，也不得不安靜下來了。Jessica 說，愈來愈多的朋友病了，她在五個月裡面參加了六個喪禮，其中一位朋友不是死於肺炎，而是自殺。

范琪斐　他是多大年紀？男生女生？

Jessica　四十出頭的女生，那不過，如果說你跟他不熟的人，大概你會覺得根本就不敢相信，因爲她是看起來很……開朗、很開心的人，有點開心果那樣的感覺。那時候，其實我事後問了自己很多問題，覺得是不是自己，做得不夠？因爲那時候其實有點自己的日子都顧不來的感覺喔；身邊有很多朋友，有一些比較親密的朋友，**那你知道他有一陣子突然……變安靜了**，也許你會覺得他可能在忙，也許他在追劇或什麼事情，可是有些人，如果你跟他多聊一下的話，大家都會跟你說他們蠻掙扎的，尤其是獨居的人。剛開始也許頭一、兩個月，疫情嚴重的時候大家會很主動地去互相聯絡啦，聊天啦！可是大概再過兩、三個月以後，其實就比較淡了，其實生活也很無聊嘛！你打電話跟朋友聊天，其實也沒有什麼……很多有趣的事情可以講，那有些人就是後來大概六七八月的時候，交流就比較慢下來；那時候會覺得，也許別人情況稍微好一點了嘛！所以你也不會說那麼主動的去問，所以那時候我在臉書上看到她出事的消息以後，我眞的很震驚，然後也很自責。在那段時間，其實不管你是不是獨居，不管你是不是有一個伴侶；**我發現的是，其實每個人都在掙扎很不同的事情**；那大家可能會不好意思，覺得說，別人煩心的事情都已經夠多了，我幹嘛把我的情緒垃圾丟給別人，所以大家其實都關在自己的腦子裡面想，可是我那時候，我那朋友的事情發生以後，我現在發現我覺得我會要更主動地去瞭解，我朋友在經歷什麼事情。尤其是，已經一年來了，很多人到現在都還沒有工作，那種經濟的壓力、恐慌，那種孤獨的感覺，即使是你結婚的人，你在一個關係裡面，你有的時候也會覺得很寂寞啊！那所以，**我現在會比較主動地去跟朋友聯絡、鼓勵他們，把他們的情緒垃圾丟出來嘛，總比留在心裡面發霉好啊**。那這一段時間，你也會鼓勵讓你自己去想一些比較多說，你身邊有什麼資源？那我說的資源不只是物質上或財務的資源，而是說你眞的「人」的資源有什麼？像那時候，朋友生病在家裡，眞的很怕他自己在家裡面得疫情死掉的人，其實你那時候就會去思考，你自己眞的在那種狀況的時候，你最想跟誰講什麼話？你最需要的是什麼？所以，我會比較主動，我現在會變得比較主動去跟朋友問他們的事情；甚至就是說，約他們出來；即使是出來走一走吧！卽使是隔著一、兩百公分一起散步，心裡也覺得比較踏實吧！那時候，我一個朋友他跟我說他失業了，他眞的每天就是半夜在家裡追劇，然後下午白天都在睡覺，我就會打電話問他，每天起來：「你洗澡了沒？」「你今天有沒有出去曬太陽？」「你可不可以把你的日記唸給我聽？」其實你要強迫你的朋友去做這件事情；因爲有的時候，**你眞的在情緒很低落的時候，你連基本的洗澡、吃東西大概都沒有什麼動力吧！那如果說，有一個朋友那時候能夠拉你一把、推你一把，我覺得這都是朋友可以做得到的事情**。

我有一個……嗯，在美國的老太太，其實算是我乾媽一樣，認識二十幾年了，像我自己在美國的媽媽一樣；那她住在養老院裡面，自從疫情一開始的時候，由於疫情對這種年紀比較大的人很危險，所以幾乎所有的養老院，都是馬上的關閉起來了。親人啊，子孫啊，也沒有辦法來探視。所以其實對他們來講，這不只是在身體健康上的威脅，也是對你眞的精神上非常非常大的挑戰；因爲你就是那種在養老院的那種孤獨感，那所以剛好很不幸在這段時間，這位老太太已經八十幾歲了，她臨時要突然做一個緊急的心臟的手術，所以她還滿幸運的是，她那個區有辦法幫她安排到一個醫院；那時候沒有確診的病患，她可以去做這個臨時的手術。可是，她當然是極度的恐懼啊！那她兒子又都住在國外；所以她出院了以後，我也開車開了五、六個小時去別州看她；她的養老院呢，他們知道說，老人家對親人的需求喔，可是又要保護他們的安全，所以他們那時候想到的辦法是用一個透明的塑膠布，從天花板掛到地板上，就好像一個大窗簾一樣。然後你親人去拜訪的時候，你要牽手、你要抱，可以透著那個薄薄的塑膠布這樣抱著對方。那這位八十幾歲的老太太，其實一輩子都是個性蠻嚴肅、蠻嚴謹的一個老太太；那時候她看到我以後，就隔著那個塑膠布就抱著我不肯放。

紐約作爲重生之地——在醫護交班時敲敲打打，相互支持，加油打氣

有一次我去我們那邊聯合廣場 union square 那邊散步，那有一個小小孩大概才三歲，才剛學會走路的小小孩吧！看到我很開心就要跑過來跟我玩，我也很開心啊！有這麼可愛的小孩子要跟我玩，就突然聽到那個小孩子的媽媽，在那邊歇斯底里地跟小孩子大吼大叫：「你不要過去！人家不要你碰的！」那其實那時候我聽到這個話的時候，我其實嚇了一大跳，震驚了一下，其實就停下來思考了一下；當然是我們這種成人已經很習慣說，我們知道這是暫時的狀況，我們要對人之間保持距離！要稍微躲開一下。可是我們有一個、這整個世代的年輕的小孩子，他們在發展他們對世界的瞭解，跟人際之間關係的了解，他們是在一個這種充滿高度不信任感跟恐懼的狀態下成長的，我們會有一些很自然的、人跟人之間的反應，比如說，我看到你，會很自然的想要去更友善啦！或者是拍拍你朋友的肩膀、拉拉他們的手啊！可是，這一代的小朋友他們的反應是：「人是危險的！」「人是代表是病毒、你要閃開的！」所以這個我覺得，在這

個疫情的狀況下，這一整個長期的影響又會怎麼樣呢？有多大呢？其實大概有三成、四成的人都逃離紐約了，**所以其實你留在紐約裡面的人，不只是覺得大家是同舟共難的難友，你也會特別去想要互相支持、打氣這樣子**；所以那時候我想，不只是在紐約啦！很多歐洲國家也都有這個經驗。就是說，那時候晚上七點是他們醫護人員交班的時候，所以大家就很固定的，每天晚上七點，在家裡面的時候就會把頭探出窗外，然後把家裡的那個鍋碗瓢盤都拿出來敲敲打打的，那其實平常白天，整天的時間整個城都很安靜，那可是突然就是每天在七點的那個時候，大家就很團結、很固定的會把頭伸出來，跟醫療人員感恩、打氣；那其實我覺得，不只為醫療人員加油打氣，其實更多是自己的情緒的紓放，**替自己加油打氣**；那是我其實是每天最期待的一刻，那時候就其實很多不同的情緒，到那時候，每天七點的時候就覺得叫一叫、敲敲打打，**就覺得那時候，算是一個很難忘的回憶吧！**

范琪斐　你會叫什麼？我很難想像你大吼大叫，真的我覺得很難想像，你會叫什麼？

Jessica　就……好像你去看球賽一樣嘛。啊！！！嗚！！！（笑）

范琪斐　就這樣啊？哈哈！（眾笑）

Jessica　然後，我們家鄰居很喜歡放那個 Frank Sinatra 的〈New York New York〉，我們家鄰居有那個陽台，那有一對老太太老先生，他們就會放 Sinatra 那首歌，然後我是在那邊敲鑼打鼓啦，他們就在陽台跳舞……。

范琪斐　好可愛。

Jessica兩個人就放那個〈New York New York〉在那邊跳舞這樣子。

我不知道Jessica自己知不知道，但我覺得這疫情，讓她變得跟以前不大一樣。我覺得她比疫情前的Jessica更細心、更溫暖。在疫情前，Jessica是全球跑、重度旅行的人，住過很多國家；最近我們談起最喜歡哪一個城市，她想都不想就說，一定是紐約；以前她也許不會這麼篤定，但經過疫情，紐約已經不再是一個住很久的地方而已。現在的紐約對她來說，是個共過患難、在死亡邊緣上，一起重生的戰友。

印尼看護Ita，因爲偶像劇《流星花園》而選擇台灣

這次《說故事的人》要訪問的第二個人，是印尼來的移工Ita。

二〇二一年，Ita現在三十歲，我們訪問Ita的時候呢，台灣的疫情已經變嚴重了，所以我們只能在電話上訪她。我請她找個安靜的地方，結果她跑到一個陽台席地而坐，就跟我聊了起來。電話裡的Ita聽起來就是個開心爽朗的人，她的口頭禪「OK啦！」時不時就會冒出來。她告訴我她第一次來台灣工作時她是二十一歲，只有高中畢業的她，來台灣工作，是為了供弟弟念大學。

Ita

Ita

范琪斐　為什麼會是弟弟去念，你沒辦法去念呢？

Ita　我想是這樣子。因為我們家是弟弟是男生的，以後會帶那個老婆，還有帶他小孩，是這樣子。

范琪斐　所以讓弟弟去念大學，那你沒有去念大學這樣子。

Ita　對，後來他找到工作，會比較好一點，是這樣子。

范琪斐　嗯哼！就是說，你覺得弟弟有念大學的話，以後，比較容易找到工作，這樣子？

Ita　對對對對。

Ita 說，當時仲介給她好幾個地方選：有歐洲、有香港、日本，但她選擇來台灣，為了一個我怎麼樣都想不到的原因。

范琪斐　那時候好像說，歐洲、日本、香港，是不是都有給你選？

Ita　對對對對。

范琪斐　那為什麼選來台灣呢？

Ita　喔⋯⋯，**我很喜歡來台灣，然後有一個明星我也很喜歡**。

范琪斐　哪一位明星呢？

Ita　就是那個流星雨那個啊！英文是 Meteor Garden，流星花園嗎？

范琪斐　就是台灣的一個偶像劇嘛，對不對？你喜歡裡面的誰？

Ita　就是那個叫什麼？道明寺嗎？

范琪斐　喔道明寺。你很喜歡道明寺這個樣子。我覺得這可以確定一下，就是說，你來台灣是因爲很喜歡台灣這個偶像劇《流星花園》嗎？

Ita　**是！第一就是賺錢，然後第二就是這個。（笑）**

范琪斐　第一就是賺錢，然後第二就是這個。

我忍不住笑了起來，我自己也很喜歡《流星花園》，但我萬萬沒想到，《流星花園》會對一個印尼鄉下的年輕女孩有這麼大魔力。Ita 來台灣的第一個工作是到馬祖的一個民宿去幫忙，她說老闆對她很好，每天晚上還會教她中文；但馬祖對 Ita 來講，最重要的回憶是《流星花園》裡她最喜歡的道明寺，就是言承旭啦！到馬祖來拍戲，住在附近的民宿裡。

Ita　我朋友啊就是講：「好像是道明寺在我們的民宿住宿這樣子！」他那時候這樣說，我就「是眞的嗎？」「眞的啊！」「我們看一看好不好？」然後我看，剛好在運動場他跑步，拍那個攝影是好像這樣子，可是在旁邊，很多女生哪，其實我看都是很遠的地方啊。

范琪斐　很遠的地方看看他這樣子。

Ita　對啊！

范琪斐　啊你沒有去跟他講話喔？

Ita　沒有啊，因爲他旁邊都是很多小姐啊！都是陪他很多很多，從台北是這樣子。
范琪斐　所以他旁邊因爲有很多小姐，所以你擠不進去喔？（笑）
Ita　對啊！

居家看護日夜無休——清晨做飯打掃，準備洗腎便當，陪阿嬷趴趴走……

Ita在台灣第二個工作，是照顧一位九十一歲的老人家。Ita都叫他阿公。

范琪斐　那阿公當時是什麼樣的狀況？他可以動嗎？可以走嗎？
Ita　上次我第一次來的時候，都是沒有辦法動，全部身體是中風的，都是在床上，是這樣子。
范琪斐　可是我聽說，你幫他照顧了以後，他變比較好對不對？
Ita　哈哈哈！慢慢照顧，也花了好多時間哪。（笑）
范琪斐　我聽說你幫他減肥啊？
Ita　是是！因爲太胖八十公斤啊，我沒有辦法每天扶他然後又抱他，因爲我的腰好痛，每天都貼撒隆巴斯，是這樣子。
范琪斐　那你怎麼幫他減肥的呢？

Ita　吃東西，因爲跟吃東西有關係啊，以前他們都是很喜歡吃很油，然後那個飯比較多，都是喜歡肉的東西。我換那個菜比較多，然後水果比較多，然後早上喝牛奶啦，還有其他水果啦，都是這樣子。

范琪斐　可是，你要換這樣子的時候，那個，他家裡人不會有意見嗎？

Ita　剛剛開始是，會有意見啊，可是我跟他們慢慢講，是這樣子。因爲我沒有辦法扶阿公、抱阿公，因爲太重了，是這樣子。如果你們都接受，我就再工作；如果不能接受，我就換另外的；我就是這樣子。

范琪斐　所以你就是說，他一定要減重。

Ita　對對對！他們說，爲什麼是這樣吃？我說，如果阿公以後會進步，我們也比較輕鬆照顧他；不是只有我照顧，全部家裡都是也很輕鬆啊，我就是這樣子。

白天有另一個看護照顧阿公；Ita是夜班，所以每天晚上要照顧阿公，白天照理說，應該是她睡覺的時候，但阿嬤喜歡她陪。

范琪斐　每天白天，阿嬤會帶你出去玩。

Ita　對，去百貨公司啦！去哪一個餐廳，新的餐廳；哪一個好吃的，都是帶我出去這樣子。

范琪斐　嗯，你們出去都做什麼呢？

Ita　吃東西啊，買東西啊，都是這樣子。
范琪斐　嗯，然後她也會給你買東西嗎？
Ita　當然啊，一樣啊，沒有分啊！她就什麼我就什麼。
范琪斐　Ita 說阿嬤對她很好，都是去高級餐廳，阿嬤還會教她餐桌禮節：刀怎麼用、哪根叉子是吃什麼的。

進隔離病房照顧重病的阿公，三天三夜未闔眼……

到了第三個雇主，同樣家裡環境很好，同樣是照顧不良於行的阿公，同樣要陪伴喜歡趴趴走的阿嬤，我讓 Ita 跟我說說，她每天的作息：她說她每天五、六點就要起床，開始做一家人的早餐。

Ita　早上起來就是……，給阿公吃早餐，吃早餐然後運動。運動回來然後吃早餐。他兩個早餐。他很喜歡吃那個飯還有菜還有那個牛肉。他因爲洗腎的吧！然後他吃完了，我要洗衣服，那個還有我要洗碗，還有其他的，是這樣子。就是打掃，打掃好了，然後大概十一點開始煮飯；他要送洗腎，有的時候帶便當，有的時候帶水餃啦，就是這樣子！
范琪斐　好，十一點完，然後呢？

Ita　然後呢，弄好了然後，準備阿嬤的東西。因爲阿嬤跟老公不一樣的吃啊！阿嬤比較年輕啊！阿公比較老一點，吃東西不一樣。那時候如果我煮阿公太爛，可是如果我煮阿嬤，給阿公會太硬啊！所以說，兩個要分。

下午的時候，如果不是陪阿嬤開車出去走走，她也得跑銀行、交電費這些雜務，一回家要燙衣服，燙完衣服休息一個半小時，就要做晚餐。由於台灣籍的看護是六點下班，所以六點之後，Ita 就要接手照顧阿公。她每天上床睡覺的時間大約是凌晨一點，如果阿公晚上不需要她，她可以睡到五、六點，但阿公常常晚上會叫她；她就得要起來。她每個月休三天；這三天她通常就是去上中文課。

Ita 很少說不，但有一次她拒絕了雇主的請求。應該是說，她試著拒絕雇主的請求。那是在二〇二〇年四月疫情很緊張的時候，阿公洗完腎回來，人很不舒服，開始有發燒的現象。

Ita　體溫很高，三十九度好像是這樣子。後來的時候，我給他那個冰塊啊，比較下來變到三十七度，然後禮拜一早上，好像是好一點，然後我們中午準備洗腎。可是準備洗腎的時候一直發抖啊！然後身體很冷，然後外面是很熱，一直動、一直動是這樣子。然後我們送到那個新光醫院。在新光醫院那邊，嗯，我們在外面不可以進去嘛！然後呢他們說，好像啊，阿公是疫情，可是醫生還沒有辦法確定喔！一定把他隔離三天，啊，有一個台灣的看護，阿嬤叫那個人，給他加錢，比較貴一點照顧阿公。

他馬上，那一天他不要上班喔！他說：「我很怕。」他說是這樣子。

范琪斐　很怕，然後呢？

Ita　嗯，馬上不要上班啊！

范琪斐　喔，他就走了啊？

Ita　走了，馬上離開啊！都是這樣子。

當時除了 Ita 之外，還有另一個台籍的看護。阿嬤先問台籍看護，願不願意加錢進去隔離病房照顧阿公？台籍看護不肯，還當天就辭職不幹了。Ita 也不願意，阿嬤於是到處打電話找看護，沒有人要來，最後阿嬤只好去問所有的家人，有沒有人能進去照顧阿公。

范琪斐　阿公有幾個小孩？

Ita　四個。四個男生。

范琪斐　四個男生，然後四個都有媳婦嗎？

Ita　都有。都有媳婦，都有孫子，孫子也是很多男生。

范琪斐　孫子加起來多少人？

Ita　如果全部一共，我們吃的時候，嗯……二十多個。

范琪斐　全部吃飯的時候有二十幾個人，都沒有人願意進去照顧阿公。

Ita　對。

阿嬤於是又來求 Ita。還說，如果萬一出事了，連 Ita 在印尼家人的經濟他們都會負責。Ita 還是不肯，後來醫生也出來跟 Ita 說明狀況；Ita 想了想後，答應了。

范琪斐　你爲什麼後來，改變你的想法？

Ita　**因爲我看阿公眞的很可憐**。已經是這樣子，然後沒有人陪他，然後那麼多家人、那麼多小孩，可是一個人都沒有辦法陪，是這樣子。最後面，我在心裡面想：「沒關係啦！實際上都會死，爲什麼還要怕？」我是這樣子。因爲我看阿公很可憐啊！隔離在那個房間裡面一個人。我說：「沒關係啦，**OK** 啦！」我就陪阿公，我就是這樣子。

Ita 說，她想先回家拿些衣物；阿公最小的媳婦載她回家。在車裡，這個媳婦抱著 Ita 哭，說她自己身上有病，再加上有兩個孩子還小她放不下；不然一定會進去照顧阿公的；並且一再承諾，如果有了意外，一定會負責照顧 Ita 在印尼的家人。

Ita 進了加護病房，照顧的過程非常辛苦。除了 N95 口罩要二十四小時都戴著，每一次要幫阿公做任何事；換尿片、清理身體，都得要做三次消毒，再用肥皂洗手。所有的東西只要阿公碰過的，即使是一根湯匙、一張紙，都得要全部丟掉。阿公的意識又不清醒，會常常鬧著要下床，還會去拔身上的管線；實在鬧不過，Ita 就得去請護士進來協助；有一段時間，甚至得把阿公綁起來。

范琪斐　你當時怕不怕？

Ita　當然怕啊！可是沒有想那麼多啊！**都是這樣子，實際上人會死啊！**我在裡面第二天已經就不怕啦！

范琪斐　你晚上有辦法睡嗎？

Ita　沒有辦法睡。

范琪斐　沒有辦法睡，對不對？

Ita　對對對，**三天三個晚上，沒有辦法睡覺**。

三天三夜，Ita 沒有闔過眼。三天後，Ita 看到護士進來時，竟然沒有再穿著防護衣，就覺得很奇怪。護士笑著跟她說，阿公不是新冠肺炎，只是一般的肺炎，所以她可以出去了。Ita 一出來，看見外面的陽光開心得不得了。她說她是又哭又笑，覺得自己又活過來了。

范琪斐　你那時候在裡面的時候，有沒有想過，如果萬一出事的時候，怎麼辦？

Ita　嗯……有想啦！可是我說，啊沒關係啦！**我實際上，以後也會死啊！可是我在心裡面還在想，可以跟哪個印尼家人見面啊！**

范琪斐　印尼家人，你想要見誰？

Ita　比如說，像那個爸爸還是媽媽，還是我們的家。

范琪斐　你進去之前沒有先跟他們說說話嗎？

Ita　我都沒有跟我們家人報告。

范琪斐　你爲什麼不講？

Ita　我不跟……他們擔心，因爲眞的……那個很嚴重啊！我跟他們沒有講什麼。我沒有打電話。

忙於居家看護，幾乎無暇陪伴最愛的奶奶，也沒有回家送終

在過去九年裡，Ita 只回過印尼長住過一次，那次是因為從小照顧她的阿嬤病了。

Ita　二〇一六到二〇一七我回家。我不知道她是生病，然後我回家的時候，我叫她。我說：「阿嬤在哪裡？」「阿嬤在房間。」我看到她眞的嚇一跳，因爲阿嬤生病，中風啊！他們不告訴我。

范琪斐　那你回去的時候，所以這一次有照顧她嘛，對不對？

Ita　對對，我照顧她。我在家裡六個月，她可以自己吃飯，然後自己可以走路，因爲我每天早上讓她洗澡。洗澡洗完了，然後給她吃東西；吃東西好了再休息，然後曬太陽，曬太陽好了讓她運動，是這樣子。走路慢慢我扶他，是這樣子。

范琪斐　你還記得最後一次看到阿嬤的情況嗎？

Ita　她的情況很好，然後我們家拜拜啊！全部一家人一起。我請他們來我們家一起吃

飯，是這樣子。然後我買那個好幾件衣服，新的衣服給阿嬤穿。

范琪斐　然後阿嬤那一天蠻開心的？

Ita　很開心啊！我在旁邊她好像不是病人。因爲她的臉眞的很清新，是這樣子。我在家裡六個月，她可以自己吃飯、自己走路，然後可以自己翻身，然後可以自己起來，是這樣子。

阿嬤的情況好轉，Ita 於是又到台灣來工作。她跟印尼家人不容易講到話；她六點就開始忙，忙完的時候都已經晚上十二點，印尼的家人早就睡了。難得講上話的時候，家人又總是說，阿嬤的情況很好，Ita 就會問：阿嬤有沒有需要什麼？

Ita　每一次都是問：她的情況怎麼樣？在家裡不夠什麼？我給她寄錢啊！如果需要什麼給我講！我是這樣子。我們每一次過年都是送她喜歡的那個什麼麥片啦！還有那個台灣的牛奶啦！還有那個什麼鳳梨酥，從台灣送去印尼的。

有一次家人終於告訴他，說阿嬤已經五天沒吃飯了；她急得要命，堅持要跟阿嬤視訊。

Ita　視訊的時候，五天沒有吃飯嘛！然後我說：叫她吃飯。她就這樣這樣。可能，她的腦裡面有一點問題對不對？還不認得，有認得，可是一直叫我的名字，叫 Ita、Ita

范琪斐　你趕快回家喔！我想你喔！那時候是這樣子。

Ita　那後來，嗯……就是隔了多久就過世了？

范琪斐　一個禮拜。沒有吃飯是五天，然後再後面一個禮拜。

Ita　OK，再後面，再一個禮拜就過世了。

范琪斐　對啊！

Ita　那你有沒有回家呢？

沒有啊！沒有辦法回家啊！沒有辦法回家。他們告訴我，他說：「奶奶過世了，還沒有過世之前，她一直叫我的名字。」然後我們全部一家人跟她說：「Ita 沒有辦法回家喔！你如果想離開，你再離開，不然她擔心。」那時候是這樣子。然後，最後就叫我的名字嘛！然後她的眼睛閉起來啦！

Ita 說，她想再做三年，然後她就要回印尼種菜，不到台灣來了。她跟我說，她想跟家人在一起；如果可以，也許教教中文，讓將來想來台灣的印尼年輕人來之前就有點基礎，比較容易適應台灣的生活。我想，我們都有很愛很愛的人，我也很愛我的父母；但我沒有把握，當我得去照顧年邁病重的父母的時候，能不能做得比 Ita 還要好？將來我可能也得請一位 Ita，來做我想做，卻做不到的事。但我想，我會牢牢記得，她是放下她愛的人，來照護我所愛的人。

疫情改變了人與人的關係，病毒讓我們不得不拉長彼此在身體上的距離；但如果你願意，在心裡，也許我們可以更接近。

故事・二

我的第二個媽媽

說再見，對你是件容易的事嗎？

以前住美國的時候，我每年只能回台灣度假一次，度假結束要回美國的時候，母親總是堅持要送我到機場。我拗不過她，說：「那你就送到機場門口，就坐原車回去好了。」她從來不肯，一定要陪我等到登機時間，看著我進去安檢，再自己坐公車回家。我會一直唸她太省，但我知道她就是要多跟我講講話；一小時也好，幾分鐘也好。但我很不願意，因為每一次過了安檢門，再回頭來跟范媽揮手的時候，看到范媽一個人站在門外的身影，常常眼淚就掉了下來。

說再見，對我來講一直都不是件容易的事，但我好像一直在走。二十多歲離開台灣，四十多歲離開紐約，五十多歲時離開住了快三十年的美國。離開我視為家的地方，離開我視為家人的人。在全球化的世界裡，我們不停地移動、不停地說再見，但我們在說再見這件事情上，變得更擅長了嗎？

這次《說故事的人》要訪問的許紫涵，是個跟我一樣，說再見說得很辛苦的人。

睹物思人——從一隻泰迪熊回想起幼時與印尼褓母Dwi的分離

紫涵是我東吳法律的小學妹，有多小呢？她只有二十歲。圓圓的臉，小小的個子很可愛。我跟她說話的時候總覺得好像在跟日本漫畫裡的櫻桃小丸子對話。她又很會照顧人，每一次我們碰面，她都會帶個小點心給我吃，因為她知道，這個老學姐常常忙到沒有時間吃中飯。

紫涵跟我差了三十多歲，但她跟我說了個故事，讓我覺得我跟她很親近；紫涵的故事要從她高中的時候寫的一篇作文談起，那時老師出了個題目叫「睹物思人」。

許紫涵

寫作文其實思考的時間沒有很多，但我立刻有一個題目就是從我腦裡跑出來，就是一隻泰迪熊。那隻泰迪熊他是小時候第一個照顧我的印尼褓母她要離開台灣的時候送我的。我就把這個作文，以這樣的題目寫下來之後，一寫完我就，其實也不是寫完，我就邊寫的時候，我就發現我已經就是有點忍耐不住，就是會一直想要流淚。然後一寫完之後，我就「嗶啦！」飛撲到我身旁的同學這樣，就是大哭一場。然後從那一天之後，就開始不斷地在晚上做夢的時候，會夢到跟她有關的事情這樣子。

它的劇情可能會像這樣子：就是我起來，然後我抱著泰迪熊起來，然後**我看到她在我面前我很驚喜，我想去抓她，可是我抓不到**；然後她會一直往前走，然後……就

紫涵與Dwi

是……她就離開。就是我起來的時候常常會有一點……空空的，就是會有點……怎麼樣想找的人都找不到、見不到那種感覺。

這個印尼褓母叫做 Dwi。Dwi 從紫涵出生一直照顧到她四歲。

許紫涵　我們的固定作息就是很固定的。我一起來，然後可能會在床上就是有點賴床這樣子。然後她把我拖去刷牙，然後我刷完牙之後，我就會自己要求說我想要倒那個奶粉，因爲我覺得很好玩，就是我可以把上面就是多出來那一部分刮掉。我覺得很有趣，我就會自己倒奶粉，她就幫我沖熱水。我們喝完牛奶之後，如果天氣好，她就帶著我去到那個公園；就是我最喜歡玩盪鞦韆，她就在後面推著我這樣子，然後又很怕我落下來嘛！就可以知道說，她想讓我盡情地玩，可是又很保護我。玩完之後，我通常會又是有點賴皮不太想回家，她就會帶著我去附近的那一家 7-11，然後她就用她的電話卡在外面打幾通電話。可是在那之前她會先去買幾個棉花糖，或者是有時候，我會跟她耍賴說，我想要吃科學麵，她就會買給我，然後我就旁邊吃科學院邊聽她講電話，然後我們再一起回家。

其實紫涵從出生一直到十二歲一直都有印尼褓母在照顧，她總共有過三個印尼褓母，但我聽得出來紫涵跟 Dwi 特別的親，我問她為什麼？

許紫涵　第一個我覺得是因爲，她在我剛出生就跟我在一起了嘛！她在照顧我的時候，我其實基本上還沒有去過學校或什麼的，所以我跟她相處的時間又更長。我覺得 Dwi 那時候跟我卽使差了這麼多年紀，但我一直就是把她當玩伴。我有一個綽號叫做小可，然後有一陣子我是稱 Dwi 在我們家叫做小櫻，它是因爲一部卡通的緣故，就是《庫洛魔法使》。小可她就是一隻小精靈，然後小櫻……她就是一個魔法使，然後我是小可，然後一直圍在她旁邊團團轉這樣子。所以我就稱她小櫻，然後全家人就跟我一起叫她小櫻。

范琪斐　**OK，你幫我形容一下 Dwi 這個人。**

許紫涵　第一個詞是很溫暖，我覺得很溫柔。就是笑笑的，就我提出什麼要求，她都會笑笑的。她就說：「啊哈！」或者是我突然有點無厘頭的，就是今天天氣外面在下大雨，然後我說，我就是想去公園玩之類的，她好像還是會，有時候就順著我這樣子，但是因爲我也會嚐到苦頭，所以我下次就不敢。

范琪斐　她帶你帶到四歲嘛，對不對？帶到四歲，離開的記憶是什麼？

許紫涵　在她要回去印尼的前一到兩個禮拜，我的父母親有嘗試的要告訴我這件事情，但是**我的第一個反應是，我不太想去面對這件事情**，我都會說：「沒有沒有沒有。」然後我就會把自己……就是關去房間，然後再縮到一個角落這樣子想：「剛剛應該是假的！」這樣子。然後是一直到時間愈來愈逼近，然後 Dwi 最後一次的放假日的時候，她出去玩。她通常就會像在台北車站附近，就是會有一些東南亞的商店或什麼的，她通常都會在出去的時候順便帶一些零嘴回來給我，然後會帶一些東南亞的美食或是甜點，就是會給我吃，但那一天她多帶了一隻泰迪熊。她就跟我說：「妹妹，Dwi 要回家，如果你想我的話，你可以抱這隻泰迪熊。對！這個泰迪熊會陪你。」講完這句話，她就又把自己一件衣服就是送給我，然後她套在泰迪熊上面。然後我那時候就是……才眞的意識到說這件事情是眞的，就是她要離開。然後就一直到可能有一天，我記得我們是有好好地一起過完剩下的那些日子，可是，就到那一天就是她要離開的時候，我是一睜眼起來，我發現我身旁是空的。因爲我們是從小就睡在一起，就是……（泣）我那天就覺得異常地不一樣，我一起來的時候，發現我爸媽都在家，然後我就問說：「Dwi 呢？」然後他們一直告訴我說，就是開始會問說：「你會不會餓啊？」然後我說：「那 Dwi 呢？」發現我爸媽一直閃爍其詞，最後才告訴我：「Dwi 回家。」

然後，我記得我就過了一段……就是有一點類斷片的生活。就是有點像一起來，我睜開眼看到旁邊是空的我就會哭；然後一起來，又看見那個就是刷牙凳，然後她都會抱著我上去，看到那個我也會哭。然後再看到那個熱水瓶，看到那個奶粉罐，我也會哭。然後再看到我們一起坐在那個廚房，就是狹長的走廊、那兩張椅子，我也會哭。**就是……你好像就硬生生的……就是斬斷了我跟她之間，就是原本連在一起的那個感覺**。

許紫涵

臉書PO文、投書天下「獨立評論」尋親……，終於「神蹟出現」

兩人就這麼分開了，接下來的十多年，其實Dwi大部分時間是在台灣的；但也許是法規的限制，Dwi沒辦法回來再當紫涵的褓母。她去桃園的工廠做作業員，一直到紫涵十歲那年，兩人才終於又見到面。

許紫涵　那個時候我可能十歲左右，事前我都不知道她要回來。我記憶裡的她也都還停在那個時候的樣子。就是我記得，我那天的記憶其實是我回到家裡的時候，我突然看到一個人坐在那邊，然後我媽媽告訴我說她是Dwi，可是我接不上的那感覺，然後我們不斷在溝通的過程當中，然後才慢慢又找回來那個感覺，可是就那一次有點斷掉，而且其實我覺得，當時我的心情有點複雜，就是其實我對她有點生氣，可是我又有一點難過，但是我……很想跟她說話，但是又……不知道說什麼。

紫涵就這麼慢慢地長大了，對Dwi的記憶似乎也就淡去了，一直到那篇寫泰迪熊的作文，紫涵開始動了念頭想找Dwi；但從想到真的動作，還是因為疫情的關係。

許紫涵　就在有一天我早上是看到一則快訊。然後它是在講說，雅加達即將要半封城，然後印尼的疫情如何如何。我當下就是……心就揪一下，就是雖然之前可能也有過更嚴重的，比如說，一些天災人禍是發生在印尼，可是我不知道爲什麼沒有一個這麼有警覺的那種感覺，就是一種第六感嗎？我也不知道這是什麼直覺。然後我就覺得說，會不會其實她沒有辦法等我到那個時候。我那時候有點這樣，然後我非常討厭後悔的感覺。所以我就覺得說，好！沒關係，我來想一下，我能做點什麼。

紫涵很想找 Dwi，但已經時隔十五年，再加上線索真的很少，除了一個不是本名的名字跟那隻泰迪熊；她跟父母親翻箱倒櫃之後也只找到一張她跟 Dwi 的合照。她先在臉書上寫了一篇公開信找人，沒下文。於是她就去找了會印尼文的朋友翻成印尼文，沒下文。後來她找到廖雲章跟張正這對長期關注東南亞移工議題的夫妻；他們建議她投書到天下的「獨立評論」網站。

許紫涵　就是突然的隔了十五年之後，在全球大概七、八十億人之中找一個人，然後印尼人口其實也不少，大概三億多。就是想說，線索畢竟也太少了！畢竟就像剛才講的，就是一個不是本名的名字，然後一張照片跟一隻泰迪熊。我就想說好吧！就憑著信心送出去了之後，就開始有很多很多人開始主動的幫我分享。那一陣子就是大概可能兩到三個禮拜左右，就是天下獨評的點閱跟……就是它會有一個排行榜。我就發現說，這篇文章很受到大家的矚目，然後**大家會開始主動地幫我去連絡很多地方，然後我都就是盡自己的能力之內就是都在回覆他們**，還有眞的是很多很多的感謝。

然後一直到有一天，是差不多發出去兩個禮拜之後，我就接到了一個來自中央社的一個大哥的私訊。他就說，他看到我的投書，然後他想要幫我連絡他們在印尼那裡的派駐記者，然後看有沒有辦法跟當地的媒體連上線。然後我就說：「喔！天啊！當然好！」我們就連上了。一開始有兩家印尼媒體就先幫我放上去，但是這個過程有點尷尬，因爲它並沒有把我的圖片跟文字是一同移過來，它是自己改寫還是怎麼樣，所以在下面就有很多印尼網民，就是你知道谷歌翻譯年糕就很多人在講說：「這應該是詐騙吧？」什麼什麼的，就是假訊息、內容農場啊之類的。然後我就還想辦法要去登入，跟他們講說：這不是假的，然後我眞的在找人啊等等之類。一開始其實心情蠻沮喪，就想說已經好不容易突破到這一關了，好像只差一點點了，就是……我不想停在這裡。

就這樣過了幾個月，接下來讓我套句紫涵自己的形容，就是：「神蹟出現了！」

許紫涵　應該是五月十四號的時候，也就是去年母親節的時候，我去補習。嗯，手機一直震動，就是一直響，拿起來就發現說，有很多陌生的私訊什麼的，然後我就說：「OK～頂住。」然後我就下課的時候去廁所看一下就發現說，有很多人就密我說。他說，就是好像是這個，找到了找到了！有沒有什麼其他聯絡資訊可以給他們或怎麼樣的。但是因爲我其實有點怕，我不知道是眞的還是假的，然後後來是眞的透過就是雲章在幫我牽線，然後我們就透過一個……她現在是嫁來台灣的一個阿姨，然後她本身是印尼人，但她剛好是 Dwi 的鄰居。然後她就說：「這個不就我們家鄰居嗎？」然後她就聯絡上就是天下獨評，然後再連絡上雲章，然後雲章再聯絡我，所以我們就這樣接上線，然後就眞的找到 Dwi 了。就那一刻，我是……非常地感動，然後我就是那時候還憋到下課，我就是整路唸著哈利路亞回家，然後就是……我的補習班在十五樓，我就這樣子坐電梯坐下來，先在一樓哭了一場之後，然後衝去搭捷運，然後在搭捷運的時候還是一直狂哭，然後旁邊乘客還一直看著我。然後我回到家的過程當中就覺得：「OK！OK！OK！」然後再等，然後在捷運上的時候，我已經跟 Dwi 用 What'sApp 聯絡上了。然後因爲我當初講說，就是**其實如果我眞的可以再見到她一面的話，最想要對她說的一句話是就是「我愛你」**。對，想要用印尼文就是「Aku cinta kamu」這樣子跟她講。

紫涵先用簡訊跟 Dwi 做了簡單的聯繫，兩人約好了時間視訊，一回到家，紫涵就迫不急待的打開電腦，跟 Dwi 聯絡上了。

范琪斐　你那時候跟她講的第一句話是什麼？

許紫涵　我是叫她的名字，其實我說不出話來耶！而且我就是記得我當時其實已經有點哭到講不出來，**然後我好像講：「Oh my god!」然後一直叫她名字**。對！然後她就是

一直笑著跟我說：「妹妹、妹妹」這樣子。我其實當下有點說不出話，但是後來那天，我們電話講了四、五個小時才掛掉。（笑）

范琪斐　Ok，那所以，她現在在做什麼呢？

許紫涵　她現在在自己的老家開雜貨店。

范琪斐　那你們現在的互動情況怎麼樣？跟我們講一下。

許紫涵　就是從那之後，我們大概差不多，就一開始當然剛找到的時候，因爲眞的很興奮，然後會有很多想要講的事情，所以我們大概就是一個禮拜……因爲還是要上課，就是大部分可以的話，就會約一、兩個時段就是講電話，講講講，可是講到後面，當然就是，其實要報備或怎麼的差不多都講到一個段落，然後因爲她其實也回去，像剛剛可能講已經七、八年，其實中文是還是很不錯，但是當然有一些要講到深一點的東西，她就會有點不太好表達，然後她都會……她就很可愛，她如果不會的話，她就是笑笑的，那我就知道她聽不懂。

啟動「尋找第二個媽媽」計劃，幫許多台灣孩子找到以前的褓母

紫涵的故事，感動了很多人。於是廖雲章就找了這次參與找 Dwi 的眾多媒體組了個聯盟，叫做「尋找第二個媽媽」的計劃，希望能協助像紫涵這樣的孩子，找到小時候照顧他們的褓母。

也許是有了經驗，第二個想找褓母的小女生佩妤，也找到她在越南的褓母阿秋，這次只花了兩天。現在「第二個媽媽」計劃已經幫助許多孩子找到她們的褓母。由於紫涵也在「第二個媽媽」當義工，於是跟這些找第二個媽媽的孩子，有些就成了朋友。在聊天中紫涵發現，他們對外來移工有一些共同的心得。

許紫涵　因爲其實他們每一次來到台灣，他們有重重的關卡。他們要在當地先付一筆仲介費用，然後要花機票錢又要幹嘛，來台灣又有台灣的仲介費或什麼。就對他們來說，可能都是一種孤注一擲，所以他們眞的是很全力在做，就是全力地付出。像我之前，曾經有一個阿姨他還甚至說她不要休假，因爲她家裡非常的急缺錢這樣子。可以眞的很感覺得到，她們就是在我們家很用心，就是像Dwi，或者是阿秋在對我們付出的時候，我們根本不知道她們背後已經犧牲很多，然後我們還要更多，或者是我們不知道**她來到台灣已經是一件很困難的事情了，那我們還……沒有就是好好珍惜他們**。或者是，有時候就會想說自己小時候怎麼那麼白目，或者是，就是我們兩個人是在這邊特別有共鳴。

范琪斐　你覺得這件事情，就找到Dwi這件事情，對你來講最大的意義是什麼？

許紫涵　因爲在我的人生，可能四歲的時候，我就第一次面臨到了就是分離這個課題，而且這個課題還給了我蠻大的……對，導致說，就是我之後**在面臨要分離這件事情的時候，其實它一直都是我的罩門**，我的反應通常會，就是會比一般人還要激烈。我上面有兩個哥哥，然後因爲我的父母親其實還滿常出國工作的，然後或者是要去哪裡哪裡，對，所以我們會很常需要離別這件事情。我自己是覺得，好像就是從那一次之後，其實之前就本來可能就已經是……我就滿依賴的，但在Dwi的不告而別之後，我自己覺得我對分離這件事情的，那種要跨過的檻又更大。

像是因為我的母親，她在我國一的時候，她就是被公司要外派去國外工作，那我當時也因為這件事情，就我的反應是跟我小時候一模一樣。就是我一開始，就是先……其實是逃避，然後逃避逃到後面就會發現說，要面對這件事情，但就是也沒有什麼心理準備，就是好像就被迫要面對這件事情。然後就是，每一次去的時候哭得很傷心，回來的時候又哭得很傷心，然後再去的時候又哭得傷心。**就是這樣子，像現在已經七、八年了，每次回來還是哭，去也還是哭。**

一開始，她有蠻為我著想的，她大概很努力地一個月一次。但其實大家也知道說，一個月回來一次其實很吃機票錢；那當然是，她也沒有辦法真的非常專注在她那裡的工作的一開始打基礎上面，所以後面當然就拉長，可能到兩、三個月回來一次；像到二〇二一今年的話，因為疫情的關係我已經跟她一年多，快要一年三個月沒有見面。

范琪斐　所以像現在其實視訊很發達這件事情，沒有辦法幫助你嗎？

許紫涵　我覺得視訊跟……其實我覺得還是有一點不一樣。我的家人大概二〇二一今年年初的時候只剩我在台灣了。

范琪斐　其他人都去哪裡了？

許紫涵　就都過去了，這樣子。

范琪斐　只剩下你一個人在這邊，你會不會很孤單呢？

許紫涵　孤單嗎？我覺得一開始難免啦，就是你又回到一個五個人的家，可是你回到家的時候，只有你在的那個時候會有一點……嗯，就是你會知道說，**有一些家裡有些地方的燈，你是永遠不會開到的**；你知道你只需要什麼東西，就是有時候會覺得，我幹嘛一個人住五個人的家的那種感覺；但是好處也是很自由，可能我想要做什麼的時候，我可以在半夜彈琴之類，就不怕吵到他們，或是我可以像課外活動比較多的時候，回家不用怕有人在等門。

經常練習「說再見」的人，更珍惜與家人的相處時光

紫涵說得很輕鬆，但我總覺得有點……就是努力要讓自己堅強起來的感覺。也許是我自己感覺的投射吧？我問她有沒有想過，為什麼說再見這件事對她這麼難？

許紫涵　**就是，我覺得我已經很習慣把每一次當作最後一次的感覺**，雖然我也沒有這樣子跟我的爸媽講過，但是因爲我覺得……，這好難講。

范琪斐　爲什麼會每一次都覺得是最後一次呢？因爲其實現在飛機啊，什麼的都很發達。我

是說，爲什麼你會有這種感覺呢？

許紫涵　因爲像我覺得，我當時我覺得Dwi離開我，我是就眞的找不到她了，就是像……嗯，我都覺得像她在跟我交代的每一件事情；給我泰迪熊，然後給我她穿過的衣服，這些都很像在交代，就是我們不會再見面這件事情。我會想說如果萬一，我有母親或者父親，或我其他親人在另外一個地方，然後他們假設發生了事故，假設健康突然出了問題，那我沒有辦法在第一時間就看見他們的話，我覺得我一定是承受不住的；可是，它畢竟是，我不能說它不可能發生。

范琪斐　我一直以爲，比如說離別這個事情，我覺得如果，常常練習……。

許紫涵　嗯，我一開始也以爲，因爲我媽媽常常會跟我講一句話就是說，一次兩次，就是哭沒有關係；但是可能久了，我們的心都會慢慢強壯起來。然後她每一次，她要離開的時候，就還會在我的書桌上寫一張便條紙。就是**她總會寫一句就是：「我們會一直一直在一起**。」她寫一張我就集一張，她寫一張我就集一張。我就是會貼在書桌的就是某個區塊，然後當我看到它就是一片之後，我覺得我還是沒有比較好欸！因爲她走我就是哭，就是……我不知道爲什麼這件事情它發生很多次，但在我身上，強度並沒有減弱，我還是會覺得很難過，我還是會覺得爲什麼要面對這個，但是到現在已經……難免啦！就是會好一點，我已經可以大概預測說，比如說，我知道他們的班次是在三天後，我就知道我自己的週期會差不多，在他們的就是，航班的三天前開始我會有一個情緒低潮期。然後通常這時候我就會去尋找學校的心輔資源，我就會說，我知道就是……我又要來了，然後我可能需要聊一下，或者是先幫我做一點心理建設，然後前兩天，通常就是我爸媽也有一個默契，我就會跟他們聊特別久的天，然後會把他們這一趟回來的事情，跟我們有的一些感想，就是多聊一些，然後最後那一天晚上我通常都會跟他們一起睡，隔天再送他們回家，然後再去機場，或者是就是離開家，因爲可能又要上課要幹嘛。對。

范琪斐　你現在還小啦，可是你將來生孩子的時候，就是有自己的孩子的時候，你會選擇這樣一個生活方式嗎？

許紫涵　嗯……我覺得我的父母他們雖然事業心很重，但我覺得我可能要到至少十六、十七歲我才能明白說，其實他們已經在他們能力範圍之內盡到他們最大能力這件事情。就即使對我來說還不夠，可是他們已經做到他們的最善，對。然後，我一開始會責怪他們，可能會覺得：「爲何我總是被排在最後的？爲何我總是一個人在家裡等門的？就爲何我總是一個人？」可是我覺得，嗯，就像剛才的那個問題，若我今天面臨到這個轉捩點的時候，我今天必須面臨做一個選擇，我的孩子跟我的工作。因爲我明白，我母親要工作的原因是因爲她想要讓這個家更好，因爲她的童年有過很多的辛苦；然後，她常常會講一句話就是說：「我們這一代的辛苦讓我們停在這裡，我希望你、你們，都可以去做你們自己想做的事情，所以辛苦要停在我這裡。」所以她就去。我覺得一開始我也是不能夠接受，我也跟她講過類似的話；比如說，我不需要住那麼大的房子，我喜歡我們在週末的時候，一家人可以聚在一起看一些八點檔，可以一起剪剪指甲，我覺得這樣的生活沒有什麼不好，我覺得我很滿足，我沒有必要爭取到那麼多的資源，因爲我覺得很夠用了。可是，嗯……我可以明白我的父母，他們的初心是都是好的，但也要等我們，眞的長大了一點，我們才可以去眞的明白這件事情。所以我自己做選擇的時候，我當然會期望我自己兼顧，但我也明白這不是一個很容易的事情，對，我希望啦！我希望我是以我孩子爲主，但……叫我爲我的孩子，就是如果假設今天我有一個夢想，我眞的很想很想很想去做，我是個很不喜歡後悔的人，那我又不喜歡我的孩子必須要揹著一個負擔是，就是他沒有辦法讓我完成夢想的這個負擔，那我就會……**反正我覺得生命自有出路啦！（笑）一定是邊走邊看**。

在我父母年輕的時候，旅行通訊都很昂貴，很少人出國，所以一講到要出國留學，好像就是生離死別。到了二、三十年前，我還只有二十多歲的時候，全球化開始了，當時是父母留在台灣，年輕一輩到外面去闖蕩，離家的，是像我這種當孩子的。但聽了紫涵的故事我才突然意識到，在紫涵這一代，是父母得要到外面去闖蕩；離家的，換成是父母了。那些照顧像紫涵這些孩子的印尼褓母們，很多也是讓別人在家鄉照顧他們自己的孩子，才能到台灣來照顧我們的孩子。我忍不住要想，將來紫涵的孩子在面對離別的時候，會比我跟紫涵更辛苦；還是像紫涵說的，生命自有出路呢？

故事・三

爸媽把我忘掉了

你小時候有沒有被爸媽搞丟過？我有耶！有一次就是跟媽媽去菜市場，結果范媽跟小販聊得太高興，就忘了有帶小孩出門這件事，自己就走掉了。後來才急急忙忙回來找，還唸我：「你跑到哪裡去了？你把我嚇死了。」我們那時候的小孩嘴笨不會回嘴，現在的小朋友應該會說：「是你把我嚇死吧？」

我到我們的粉絲頁《范琪斐的美國時間》問大家有沒有類似的經驗？結果不到一個小時，就有六十多位朋友上來留言。有的被爸媽掉在公園，有的被掉在補習班忘了去接，有一位被忘在國外的機場，有一位被掉在東京的迪斯耐樂園，有一個媽媽，一次就忘了三個孩子。

但如果，爸媽把你忘了，而且這一忘就是五年，你覺得會發生什麼事呢？這次《說故事的人》要訪問的王明智，就是個小時候曾被父母遺忘的人。

王明智　哈囉，你在吃飯哪？好，辛苦了，沒關係你先吃你先吃，我帶他們來晃一晃。

王明智　管理部在十一樓。

製作人　整棟都是你們的？

王明智　到十三樓只有一層不是，只有十三樓不是。

王明智是補教界名人，雖然已經退休，但帶著《說故事的人》的團隊到他的老公司去拜訪時，很明顯的影響力還在。

王明智　哈囉！我帶人看看你們有沒有認眞工作。（衆笑）我們是唯一一間，就是補教界的百貨公司，就是我們每科都有。

製作人　這樣規模在國內算是最大的嗎？

王明智　應該是數一數二了吧，我們也不管別人做怎麼樣，應該是……號稱數一數二了吧！（笑）

襁褓中被處境困難的生母送養，童年備受養父母寵愛

二〇二一今年五十九歲的王明智很愛開玩笑，看起來這麼陽光的一個人，卻有個很坎坷的童年。他小時候不叫王明智，他叫阿草。

王明智　我家有七個兄弟姊妹，連我。那因爲當時我爸爸工作並沒有很順利，那我爸爸是從

范琪斐　大陸來的，所以我爸爸跟我媽媽的收入都沒有很穩定，而且要餵養那麼多小孩，所以他們就各說各話。就是說去打牌，爲了要贏錢來養小孩。結果應該是愈來愈慘。所以我出生的時候，我父親跟母親已經感情不和，所以並……沒有常常見面。所以我出生的時候，我父親應該也沒有照顧這個家，那我媽媽因爲身體很弱，又生了那麼多小孩，又每天都在愁吃穿的東西，所以她再也沒有能力撫養我。她認爲如果我跟在他們身邊我會很慘，所以她就趕快去找街坊鄰居，跟人家講說，我要找奶媽。那就透過鄰居介紹，鄉下人好像小孩夭折還有奶水，就捨不得奶水浪費，就把我抱養走。

王明智　可是當時，是眞的要找奶媽嗎？照你的理解。

范琪斐　怎麼可能有錢可以找奶媽？應該是一種善意的謊言，其實就是……我不願意承認，但是應該是半拋棄。

王明智　你的生母做了這個決定說，孩子要送走嘛！不管說是找褓母，或者是說，眞的是送養，父親難道沒有任何的意見嗎？

范琪斐　沒有。

王明智　你覺得你父親當時知道你出生的事嗎？

范琪斐　我聽我母親講的，應該是不太知道。知道我媽媽懷孕，什麼時候生的，應該不知道。

王明智　好，那所以，就在這個情況之下就被抱養了，我想……這個可能都是聽長輩敍述的，那你知道那個時候大概是多大嗎？你是多大？

王明智　一出生就被抱養。

范琪斐　OK，跟我們講一下，就是在養父母家生活的情況。

王明智　我的小時候的乳名叫作阿草。以前鄉下人會覺得，你的名字取得愈賤愈好養，那以當時我們家的狀況，很差的情形下，他也希望我能夠平安長大。那我是叫他們阿爸跟阿母，我稱呼他們，是阿爸跟阿母，這我有印象。

我記憶所及，我對他們的三合院的生活，還有我們去田裡面工作，我被裝在那個竹簍裡面。在扁擔。他們挑著扁擔把我挑到田邊、放在田邊，然後他們在做工，然後中間休息的時候，他們有一起吃綠豆湯，那個畫面我都是有。他們是叫我少爺，就是鄉下人是把我當作雇主的小孩。我的姊姊應該大我四、五歲，我的哥哥應該大我一、兩歲，他們都很疼愛我，就是很讓我、禮讓我這樣子。

所以晚飯的時候都是我先吃，他們所有的人是等我吃飽才吃。那我小時候我都會爬到八仙桌上面，好像吃得亂七八糟，吃完以後才輪他們吃。

然後比如說，他們可能要負責帶我。那有一次我記得，我去作弄我們庭院養的雞，就去作弄他們，然後我又拿那個雞簍子去把牠們蓋住。那後來那隻雞可能在掙扎的時候，牠跳出來的時候，在我左邊這邊臉龐咬了一個洞。那當然很痛，那哥哥就因為這件事情，就被我的養父養母毒打一遍，我還記得這件事情。

王明智

養父母爲了報戶口聯繫生父，卻被後母決定接回

在養父母的呵護之下，阿草就像一般孩子一樣長大。在他心目中，他叫阿爸阿母的養父母，就是他的親生父母。應該說，在那個小小阿草的世界裡，這個問題根本不存在，這就是他的原生家庭。他有爸爸媽媽，然後有一個很照顧他的姐姐、一個會陪他玩的哥哥。一直到阿草五歲那年，他要開始上小學了，得去報戶口。他的養父母便決定去跟阿草的生父母談清楚，要嘛，就把小孩給他們正式領養，要嘛，就要付這五年來的褓母費三萬元。在養父母的理解，阿草家的情況那麼差，不可能會要孩子的，所以最終，一定就是會讓阿草在法律上也成為他們的孩子。但人世間的事，就是這麼難預料。

王明智　我的生父生母當時已經分開了，所以我生父又交了一個當時是女朋友，就是我的後母。那我後母是有存一些錢。帶了滿多錢來，因爲她自己還有兩個小孩，所以她可能是想要幫這兩個小孩，也找一個家庭，所以當然她願意犧牲。她帶了錢，願意幫我爸養那麼多孩子。那本來我們家的兄弟姊妹都被寄養在不同的親戚朋友家。

范琪斐　總共是幾個兄弟姊妹？

王明智　總共是七個，都被寄養在不同的親戚跟朋友家。一直到我的後母帶了錢，嫁給我的父親，就是我們開始，然後我爸爸當時考上會計師，所以準備要創業的時候，才把這些失散的兄弟姊妹找回來。最後才被提醒，還有一個在外面。

范琪斐　就是你。

王明智　就是我。

范琪斐　所以你爸爸把你全都忘了。

王明智　對！幾乎是就沒有相處過，幾乎是忘了這件事情。後來人家來找，那就說，要嘛，你要付奶媽錢，要嘛就把小孩讓給他們。那我的後母本身她也是養女，所以她也是從小被放養在其他的家庭，當然童年可能也沒有很快樂。所以，或許她能夠感同身受，是她蠻堅持說，要把孩子，尤其是男孩子沒有送給人家的，堅持要我爸把小孩要回來。後來我才會回來。

養父母大概也沒想到會是這樣一個答案，但孩子真的是人家生的，法律上也站不住腳，只好將阿草帶回去。

王明智　我對我的養父，印象最深刻的是，那一天他要把我送回我的生父母家的時候，在那個客運的轉運站，然後他很捨不得，他一直抱著我，然後我一直哭。後來，他就叫我在那個轉運站的門口等他，他就到對岸，就是馬路的對面去，跟那個小販買了兩顆椪柑。我這一輩子都沒有吃過椪柑，他當場開了一顆給我吃。

范琪斐　你那時候吃的時候感覺怎麼樣？

王明智　就是說，怎麼有這麼好吃的東西。就是它很甜、很 juicy，那是我從來都沒有吃過的一種水果，然後因爲我的印象當中，那個椪柑又很漂亮，色彩很漂亮，然後剝開以後吃，然後滿滿的都是水。小孩子嘛！他去捧著那兩顆椪柑走過馬路過來的時候，我知道這個水果是很珍貴的，就跟後來我們念小學的時候，人家送給你一顆蘋果，你知道那是一個很珍貴的水果，**其實當時對那兩顆椪柑，印象也是知道，那個是可能他們自己都捨不得吃，然後很珍惜的地來交給你，沒想到是分手的禮物**。

一路上我的養父，我的印象當中，他的臉是垮下來的。臉很臭很臭，也沒有跟我講什麼話，甚至於帶我進到我爸爸的辦公室的時候，他就是好像那種鄉下人，我的印象裡面，他是呆呆的站在那裡，面無表情。**我相信當時的心情應該是百般的無奈，因爲這個結局不是他們要的**。他們會來找我父親是爲了要一個出養的證明，然後要給他們報戶口，結果沒想到的是，我後母決定要把我接回來。然後事實上，他們也沒有拿到錢，所以對他們是最糟糕的結果，所以他從頭到尾都是臉很臭的，一點笑容都沒有。

回到生父的新家，卻被兄姊欺負，近乎自生自滅

我就有印象我爸辦公室的那個景象：他把我帶進去，我爸連我要回來，我爸都不在。所以，我的養父不曉得要跟誰溝通。**最後是很無奈的，他等於是偷偷的把我丟下來，他就走了**。哇！那我面對裡面好多兄弟姊妹、好多人，那又一個很陌生的，哇！我記得我坐在地上是嚎啕大哭，

哭了很久。每天哭，常常被我的兄弟姊妹毒打。

范琪斐　那什麼時候他們才告訴你說，這個才是你眞正的爸爸媽媽？

王明智　其實應該連說都沒有說耶！我記得我是非常的錯愕，就糊里糊塗地到了我的原生家庭。對，一點心理準備都沒有。

范琪斐　那你怎麼樣知道說，這個才是你的……就是，怎麼突然來一個人說：「這是我爸爸。」這個事情是要怎麼樣認知呢？

王明智　最好笑的是，我回到原生家庭，我並沒有看到我的父親啊！當時我的後母或許在我們家，我的兄弟姊妹都在跟她作對，也沒有人喊她媽媽。所以事實上，我是被就地放生的感覺。我的父親回來以後，也沒有來擁抱我，我的兄弟姐妹則是排擠我。所以那是一個很可憐的狀態。本來在養父母家是備受寵愛，像小霸王一樣，突然被丟到一個完全陌生，可以說，那時候也沒有愛唷！也沒有被呵護，也沒有安撫這件事情，就是自生自滅。

范琪斐　跟我們講一下接下來的生活好不好？

王明智　接下來的生活，我就開始長一些有的沒有的，比如說：豬頭皮啊，腮腺炎。然後小孩子會長那個紅豆冰，反正有蠻多會生的病，我都生了。那一段時間當然，我的後母，一方面要扶植我爸爸的公司，所以她也在公司上班，又要照顧這九個孩子，就是柴米油鹽醬醋茶。那加上我所有的兄弟姊妹都幾乎啦，大部分都排擠她。她很希望在這個家裡，能夠有一個人是跟她同行的。所以從我五歲回來到至少六、七歲，七、八歲之前，我的生活裡面只有我的後母。比如說，她帶我去上學；她帶我去中藥行抓藥；然後呵護我，我對後母這些照顧的行爲是非常感念，到現在都還很感念。

范琪斐　可是你覺得，後母有給你愛嗎？

王明智　我後母本身沒有受教育。她讀到小學二、三年級就輟學。再加上她也是人家的養女，所以她也沒有享受過什麼家庭的天倫之樂。然後她很小就要出來打工、賺錢養家。所以你說她有沒有感受到別人對她的愛？我的觀察應該是沒有。所以我想，我的後母她本身對愛的體會，應該是很懵懂的。所以，她不曉得怎麼樣給我愛。我相信她想，但是她不曉得該怎麼樣表示。那在那麼窮困的年代，我覺得父母對孩子的愛，就是，應該是表現在有給你飯吃，就是愛了。所以我的後母，focus 在我們家的是，至少她讓我們所有的人，都不愁吃穿。至於你說，親子之間的那種溝通啊，呵護啊，甚至於身體的接觸、撫摸啊，嗯，應該是……比較沒有。

范琪斐　爸爸呢？

王明智　（笑）我記憶以來，我的父親沒有抱過我。

我的父親從我有記憶以來，大概都到半夜才回家。然後睡到中午才起來，我們都去上學了。所以在我的記憶當中，跟父親的互動是非常少。但是後來，我書念得不錯，我父親會把我帶到一些，譬如說：獅子會啊、扶輪社、同鄉會去炫耀說，他有一個孩子很會念書，那個過程當中，我知道他是很有社會地位的人，所以我對他是敬意比較多。

回到原生家庭之後，阿草不再是阿草了，他被取名為王明智。在這樣的環境下，明智漸漸地長大了。他從小書念得好，也許調皮了一些，但基本上是個不找麻煩的孩子，可是到了他國中的時候，他愈想愈不對。

王明智　就是，我的成績表現得非常好。可是事實上，我看看我的同學們，那種好像在我的眼裡面是不值得呵護，好像都不太會念書的孩子，受到的呵護都比我大。漸漸的我才開始，有一點點心理不平衡，好像我的兄弟姊妹跟我的父母都覺得，你把書念好，帶給我們家光榮是理所當然的。但是事實上，我沒有受到他們任何的關懷。以前，學校老師是把學生帶到家裡去補習，另外收補習費的。那因爲我們家孩子多，我的我的後母就不太願意去……再多加補習這樣的負擔，我小時候又很可愛，又很會念書，所以老師都很希望可以把我帶到家裡去補習，可以做一個標竿嘛！可是事實上我沒有錢，我又不敢跟我的老師講說，我媽媽不會給我錢，所以我都沒有去補。那就碰到某一個老師就比較變態了。他會……我們那時候因爲升學班嘛！所以你的考卷都是每天發、每天檢討，如果你考不好老師就會打你。我那老師是不管我考七十分也打、八十分也打、九十分也打，我考一百分他也打我；每天都打我，只是要叫我去他家補習。

帶「一根湯匙」上學、常搗蛋的高中生涯；好在聯考前被大哥收留

經過這樣的挫折了以後，我會覺得說，老師也不對，我的父母對我也不對。那為什麼我要這樣念書？而且那時候念國中的時候，那種升學班是要晚自習到晚上九點半、十點；我經常是中午帶了便當吃完中飯，一直到放學九點半，再走路四十分鐘，再坐一個小時的車，回到家裡十一點。所有人都睡著了。我是從晚餐，更不要講什麼消夜，都沒有人去噓寒問暖說：「你吃了沒？」我會覺得這樣子的升學過程、這樣努力的過程，我不曉得自己在追求什麼，後來我就突然覺得，我什麼都不想要了。我為什麼要念書？我不想念書了。

那時候國中上高中也是要聯考的，明智落榜之後，父母只覺得詫異，就叫他去重考。他重考後上了第三志願的成功高中，但高中生涯對明智來講，仍然還是充滿掙扎；書還是念得亂七八糟，家裡還是沒有溫暖。他說那年代大家都帶便當，只有他，是帶一根湯匙去上學。

王明智　我每天就帶一根湯匙，就去上學了。

范琪斐　吃別人的嗎？（笑）

王明智　（笑）輪流吃班上同學的，然後我現在也很感謝我那些同學沒有拒絕我，他們都是

把便當盒打開，隨便讓我吃，但是我自己內心裡面，當然，心裡面也不是那麼好受，那我的自尊心是極端的低落。

到成功高中三年，很多老師一進來的第一件事情就是叫我罰站。因為我會動來動去，我會拿果皮丟同學，我會拿那個子彈去彈同學，所以老師都會覺得很不安心，就會叫我罰站。那我還是繼續搗蛋。那這一切的痛苦，被歧視的這種痛苦，我還被同學質問過：「王明智！你成績那麼差？你又考不上大學，你每天都在鬧同學，你怎麼不去死算了？」我還被同學這樣的質疑。那這一切內心的痛苦，我的父母，一點都不知道。所以我知道，我沒有辦法報復我的父母，我只會害到自己。所以我的所做所為都要自己負責。

那時的男孩子，大學沒考上就得去當兵，一當就是兩年。在高二的時候就會進行抽籤，決定你未來的兵種。當時明智抽到了海軍，他想：「這下完蛋了！」海軍訓練是有名的嚴格。但以他的成績，怎麼看都不可能考上。這時候大他十歲的大哥突然出現；在明智的描述，這位大哥是因為跟後母關係不好，很早就離家去念軍校；但在明智考大學前一個月卻突然出現，把明智帶到台南鄉下。

王明智　他們住在很鄉下的地方（笑），我們也從來沒有互動、沒有來往。他突然跑回來說，上帝要他照顧我（笑）。他就把我接到他們家裡去。然後，最後一個月在他們家裡，因為他們家沒有電視，也沒有音樂，也沒有電話，他們是那種很虔誠的教徒。所以他們全家吃飽飯以後都是在大聲祈禱。所以是很困窘（笑），然後家徒四壁，就清教徒的那種家庭。他們家又在一片稻田的正中央，所以我根本也沒有地方去，也沒有電話可以跟任何人聯絡（笑），我就關在那個房子裡面，每天念十八個小時。就是我早上六點起來念到凌晨兩點，然後午睡睡一個小時，其他所有的時間都在念書，所以那個月的時間，我進步了將近兩百分，就從落榜考上台大。

在鄉野中迷路，以致與養父母永久失聯

也許是荷爾蒙的變化吧？從十二、三歲到十八、九歲的中學時期，對很多人來講真的是充滿了灰色的記憶。我自己對中學的記憶也是很不開心，上的雖然是北一女，但不知為何，總是有一股說不出的憤怒；那時我一學期有三分之二以上的時間都在翹課；我會坐著公車，但到了學校那站，就決定不下車，過了幾站再下車。然後到對面，坐回程的公車回家。那時父母都已經去上班了，我就一個人悄悄地待在家裡看漫畫，是當時我的教官，正好是我們家對門的鄰居，把我叫到教官室，威脅我，要到家裡去告訴爸媽我嚴重翹課的情況，我怕被罵，才乖乖回去學校上課。但真正想通了，還是二十多歲出了國之後。在明智的情況，則是上了大學之後，他開始認真面對自己的人生，他說他這時候，常常想起他的養父母。

王明智　後來，我們在學大一普通心理學的時候喔，我記得老師有說過，儘管我的成長過程非常的坎坷，物質非常的缺乏，甚至於也沒有人，好像好好地愛我這樣子，可是我的內心裡面，我就講，我的性格是非常穩定，情緒也很穩定，而且沒有任何的仇恨心。那跟心理學來做一個對照的時候，就是說，一個孩子的性格，在什麼時候決定？三歲以前就決定了。那三歲以前的孩子是靠什麼來認知這個世界跟他的關係的？就是一種觸覺，身體的接觸。所以，我是吃我奶媽的母奶長大的，再加上她把我視爲己出，所以我相信我在三歲以前，受到她們，尤其是我奶媽，給我非常多的愛；從肢體的接觸跟喝她的母奶當中，我得到了很大的安全感，所以我的性格是非常的穩定。所以現在如果有很多人在教年輕的父母養育小孩的時候，都會跟他講說：「你不要抱他啦！你不要把他……你把她慣壞了！」我相信……這個不一定對。

但也是一直到了十年前，他回去尋找養父母的念頭才愈來愈強烈。那時他差不多五十歲了，準備要退休；覺得自己有一點成就，他第一次覺得，他可以去做這件事。但有關養父母的訊息非常少，他說他自從五歲回到原生家庭之後，只有一次，他的生父及後母，說要帶他回去看養父母。那時是父親收到一張請帖，養父母家不知為何要辦桌請客，就邀明智的父母帶他一起來吃飯。

王明智　當時爸爸還有後母，他們來學校接我，把我送上車子的時候，說要去找奶媽的時候，我內心裡面是非常的雀躍的。因爲我一直腦袋裡面還是有小時候成長的那些印象，所以很渴望要見到他們，哇！興高采烈，就很希望能夠看到他們！結果開車開了很久很久，然後，怎麼樣都找不到，我後母開的車。我的腦袋裡面有一個印象就是，我們停在一個大馬路然後去問人家。拿著那個請帖去問人家，那路人跟我們講說：「喔！就是這條小路，直直去，直直去就會到。」可是當時車子因爲開不進去那條田埂，其實就是比較大的田埂，但是沒有辦法容下一台車。

那時候天剛黑，我有印象我爸爸大發雷霆地說：「怎麼會在那麼鄉下的地方，阿這車子怎麼去？沒有辦法去，我們回去了！回去了！」我當時是非常的傷心、錯愕。很想求我的父親說，能不能忍耐一下？我們想辦法進去找。但是，我爸爸在氣頭上，我也沒有辦法跟他說什麼。這個是我印象非常深刻的一件事情。

就此之後就沒有任何機會了。

對，後來我父親寫了很多的回憶錄，大概有幾十本，關於在大陸的點點滴滴。他經常要跟我分享，他寫了哪一本、寫了哪一本，但是到後來的時候我眞的是跟他生氣了。就是說，你五、六十年前，六、七十年前的什麼街頭巷尾你都記得，一個人把我養到五歲；這麼大的恩情，你連奶媽錢都沒有付給人家的人，人家請帖給你，你連人家姓什麼都不記得，你怎麼會記得大陸的那些點點滴滴？我都不相信，所以他送給我的書，我到最後因爲這件事情，我都不想看。

范琪斐
王明智

范琪斐與王明智

我的生母對人家也一點印象都沒有，誰來抱走、姓什麼她都不知道，因為我到小學四、五年級的時候，有被我的大姊、二姊帶去跟我的生母見面；我當然對這件事情是很在意。我也一再地詢問她；一直到我的生母過世前，她都是搖搖頭告訴我說，叫我不要再問了，很抱歉，她不記得。

我在孝順我的生母、後母還有我的父親，我花費的心力跟物質是有一點巨大，那我不會捨不得那一些錢；我會回過頭來去想，誰值得我更多的愛？就在我的成長過程當中，影響我最多、貢獻我最多的，我覺得是我的養父母。**如果我願意這樣子來孝養我的親生父親跟我的後母，我爲什麼不去找尋他們，給他們更多的孝養？**

想對養父母磕三個響頭；想對自己孩子付出更多關愛

范琪斐　我們也幫忙你找一下好了，所以你可不可以把你覺得有的線索跟大家講一講？

王明智　好！這個線索當然第一個就是，他們可能本來住在泰山或林口，後來搬到桃園縣八德鄉，而且他們應該是佃農。然後，他有一個兒子大我一、兩歲，他有一個女兒大我四、五歲。

我不曉得他們家裡的人知不知道送還給我爸爸的時候，我爸爸叫什麼名字。因爲送我回去的是養父，那招牌在門口，理論上他應該有看到。但他回家有沒有跟家人轉述說：「喔，這個小孩是誰的小孩。」我爸爸叫做王人瑞會計師。喔還有就是，他把我抱走的地方是在三重，那時候叫三重市的光明街，我後來有去查戶籍的資料，好像是光明街。

我的養父應該是瘦瘦乾乾，然後我的印象裡面啦，應該是一百六十五到一百七之間的一個莊稼人。他比較偏瘦高，對，乾乾的，我的養母呢比較豐腴，然後個子不高。

范琪斐　你有沒有想過說，找到之後你想跟他們講什麼？

王明智　我最想做一件事情就是，可能電視電影看太多啦！**就是想要深深地跪在地上，跟他們磕三個響頭**。

范琪斐　還有嗎？（泣）

王明智　因爲人生經歷太多太多的事情，我覺得最要感謝的，眞的是他們對我的養育之恩啦！

講到這裡，明智跟我都紅了眼眶。我想轉轉話題，便問他跟自己的孩子相處好不好。他有兩個兒子，一個高二、一個高一。我承認，他的回答讓我有一點點驚訝。

王明智　我跟我的孩子的相處，我覺得不夠理想。原因是，因爲我的工作很忙，我在全盛時期的時候，每天平均工作都超過十八個小時。那我的工作是教育孩子，我很多學生把我當偶像，所以我是比較高高在上，上對下的一種關係比較嚴重，然後我跟我的孩子年齡差距很大，四十三歲、四十四歲，生得很晚。所以再加上工作上的忙碌，他們跟媽媽接觸的時間比較長，那因爲年紀差比較多，可能我又是很愛說教，然後我的工作裡面，大概有很長的時間是分配給……我覺得是台灣的希望，就是最頂尖的一群孩子，這些人才能夠代表台灣的希望。我自己個人這樣認爲，所以我花蠻多時間在教育他們，這樣無形當中會不會給我孩子一些壓力？是說，他們或許沒有我的學生那麼優秀的情形下，他們乾脆就不理我。（衆笑）

我自己跟父母的關係，在我十多歲的時候也很緊張，是一直到我二十五歲出了國，也許是突然沒有了爸媽在身邊，才意識到父母為自己做了多少事。所以我雖然很遠，卻反而跟父母很親近，尤其是母親；母女倆以前一見面就吵架，但兩人卻在越洋電話上，永遠講到捨不得掛電話。我跟明智說，現在努力還來得及，絕對來得及。講到被父母拋棄，聽起來總像是一件很悲慘的事情；明智小時候的經歷在我來看，是被父母拋棄了兩次；一次是被生父母為經濟原因拋棄，一次是養父母，不得不拋棄。但被拋棄的孩子，並不是各個都注定悲慘。

我老公蘿蔔頭在退休之前，是在美國很貧窮的社區當小兒科醫師，他看過很多家裡很窮的孩子。他說，孩子的成長過程中，只要有一個大人，不一定要是父母；即使是老師、是鄰居，只要真心關心這個孩子，這個孩子就壞不到哪裡去。從這個標準來看，明智小時候至少感受到有兩個大人很愛他。這樣看來，明智這個被拋棄過兩次的孩子，還是幸運的吧？

故事・四

我爸要我當乞丐

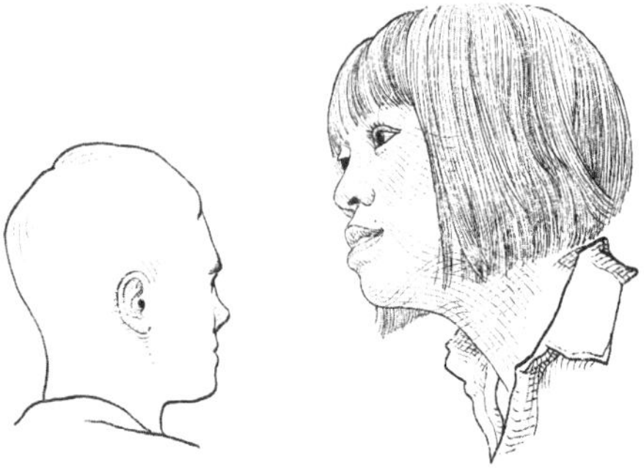

在很多孩子的眼中，父母就是超人；餓的時候有爸媽，冷了熱了有爸媽，跌倒了生病了有爸媽，被人欺負了有爸媽。但當父母不是超人，在世俗的眼光裡甚至是個沒有用的人；當子女的，該怎麼看自己的爸媽呢？

這次《說故事的人》要訪問的是阿光；九歲的時候，他就開始被爸爸帶著去台北車站行乞，討錢維生。

范琪斐　那我們叫你阿光這樣子。啊你幾歲？

阿　光　四十。

范琪斐　你已經四十了喔？可是你好娃娃臉喔！一點都不像（眾笑），你看起來好小喔！

阿光個子小小的，他跟我說他已經四十歲的時候，我嚇了一大跳，我以為他只有二十多歲呢！住在基隆七堵的朋友，說不定會對他有些印象；因為十年前他在七堵競選過市議員。阿光為什麼去競選？我們晚點會談到；我想先跟他談談，他小時候的經歷。

阿光　大概是我九歲的時候開始，每天就在台北火車站旁邊天橋，靠近國光客運那邊，附近華陰街那邊，就在橋上行乞。六、日一定會出去，因爲六、日人比較多。平日的話就稍微少一點，主要大概都是早上上班的時候還有下班的時間，人比較多的時候，每到一個時間行乞完，一天嘛！我們會到橋下去算，算今天大概有拿到多少錢。那我爸會先算大鈔，大鈔算算之後他就先放口袋，然後零錢的話他稍微看一下而已，他沒算零錢。他就叫我們先離開、先回家、先回旅館，然後他過大概二十分鐘之後再回來這樣子。我們當時在行乞的時候，我爸爸他會跪著，我跟我妹就分別站兩邊。基本上都是我，會拿著一個紙盒可以放錢。然後人來人往，那我爸就說你要講話，講說：「跟你們分、跟你們分錢」，「跟你們分、跟你們分錢」，就是人多的時候要講：「跟你們分、跟你們分錢」，跟你們分點錢，跟你們要點錢這樣子。

范琪斐　大部分人會給，還是不給？

阿光　其實會耶！我有觀察到說，其實像那個……高中生的妹妹，她們大概會掏個可愛小錢包，然後大概十塊錢，她們都會掏這個錢。然後稍微有一些比較……也不見得是社經地位好，就是說有一些人就（看起來）很一般，他就會掏一千塊，當時一千塊蠻大的（笑），對。她就會塞到裡面去，然後最多其實大概就是零錢，大概五十塊或一百塊這樣子。

范琪斐　所以爸爸他就在旁邊不講話？

阿　光　他就是跪著。

范琪斐　基本上是你跟妹妹兩個人在要錢嘛？

阿　光　對！然後旁邊就用一個棋盤，棋盤上面寫字；寫說他家裡家破人亡啊，什麼之類的。

所以阿光的爸爸不是很多孩子眼中的超人爸爸；在阿光小時候，他甚至聽到很多親戚說，他爸爸是個沒有用的人。

阿　光　就我知道說，我爺爺他以前是自耕農，可能是政府的政策，就是，他也分到公有土地，後來他分到那些土地之後就有建商跟他合作說，你土地給我，然後到時候我蓋房子之後，分一些房子給我爺爺。所以我爺爺他拿到還蠻多棟房子，是一棟棟，鄉下南部都是一棟棟。我爺爺就有拿到那些錢，有分給他的兒子、女兒，我的印象喔，大概有七、八棟以上耶！還滿多的。

我爸兄弟姐妹的話，他上面有三個哥哥，然後有另外四個姊姊和妹妹這樣，那他屬於倒數第二小的。然後他們其實都還蠻主流的啦！反正我大伯就是，念清華大學；那個年代念清華大學，他現在如果還在的話，大概八十快九十歲，然後拿到獎學金去美國，讀那個……好像有點類似物理方面專門的就對了。二伯的話，當時他就是國中的教務主任，那也是蠻穩定的；三伯他還在的話大概六、七十歲，他是輔仁大學畢業，企業管理系。對，因爲那個年代如果考上大學很了不起。然後，其他姑姑她們……其實她們就女生嘛！那年代，反正你就是不用念太多書啊，然後找個人嫁了。對，能夠侍奉公婆這樣就OK，然後自己好好過就OK了，不會對她們太多要求什麼的。那我爸他就是念到國二嘛！然後就沒有畢業，就輟學這樣子（笑）。感覺我爺爺會比較偏心，會對我大伯二伯他們會比較好。像我三伯要做生意，可能他們也會拿一些錢什麼的；我阿公也會給我爸一些，但是就感覺是說，我爸好像沒什麼出息，後來就不太想對待他這樣子。

像我阿公也幫忙我爸買計程車，買了好像一、兩台吧！然後我爸馬上就賣掉了。然後賣掉又要回來求，求說幫忙幹嘛！在我阿公面前下跪磕頭，說什麼他下次一定會改進啊！不會再犯啊，請他再幫忙！就我的認知啦！我感覺有幫助過，但是沒有用，我爺爺覺得我爸沒有用，就一直重複，一直要錢。

母親婚姻不被祝福及產後憂鬱，成了壓垮家庭最後一根稻草

阿光所謂的「主流」就是當時的觀念，每個人都要好好念書、有個好工作，然後結婚生子，這才是正常、正確的生活方式；阿光的伯父們各個很主流，唯獨阿光的父親沒走這條路，非主流。連結婚也是。阿光父親在二十六、七歲的時候在工廠工作，認識了阿光的媽媽。根據阿光外婆的說法，兩人是因為懷了阿光才結婚的；接著，又生了兩個妹妹，但在阿光的印象裡，媽

媽一直都很不開心。

阿　光　我阿公、奶奶那邊，不太能夠接受我媽媽；然後兄弟姐妹好像，也不太喜歡我媽之類的，就不合這樣子。然後二來，我媽媽可能在我外婆那邊，他也沒有說不接受我爸爸，只是覺得說你怎麼嫁這種男人。他們本來就很反對這個婚姻，他覺得說：「你怎麼會嫁這種人？」

有一天我看到我媽，她就是要去打開衣櫃，然後弄繩子，頭就要伸進去了。我就覺得很奇怪啊！我就跟我爸講。後來我爸就把她拉下來了。他就說，我媽可能現在情緒不是很好，她可能需要休息之類的，我們就帶我媽去睡覺。然後後來沒多久，我媽又跑上去頂樓，到一半；我爸就……起來，就把她拉下來，然後我跟我爸兩個人就睡著了，就睡死了；等到我們一醒來之後，就聽到一樓樓下有喧鬧聲、吵鬧聲，才知道說，我媽已經從頂樓跳下去這樣子。

父子兩人趕到現場的時候，阿光說母親還有意識，是送到醫院後才過世的。那時候阿光才六歲，所以不大理解發生了什麼事。

阿　光　國小很難理解，只知道是自殺。我的資訊都是來自於爸爸說，都是他們害的。我爸說都是他們害的，都是我爺爺奶奶、我外婆他們害的，都是全部人害他；害他的家庭破碎。

我現在解讀是說，當時那個年代沒有產後憂鬱症這種概念啊！因爲我媽民國七十年生我，過兩年又生一個，再過不到十個月又再生一個……然後那個年代誰知道產後憂鬱症，只會覺得說是你自己的問題。對。產後憂鬱症就是賀爾蒙分泌嘛！不見得是自己想太多，是生理上的。我會這樣想。那二來就是，她爲什麼荷爾蒙會怪怪的？就是外界一些很奇怪壓力或幹嘛，這一些壓力都不解決的話，你只會怪在個人的身上。

媽媽過世之後，阿光跟小妹被送去跟爺爺、奶奶、三伯住，大妹被送去給一個姑姑照顧；又過了三年，爺爺奶奶相繼過世了，阿光的爸爸跟兄弟姐妹，因為分財產鬧得很不愉快，就把阿光跟小妹帶走；於是，就開始了行乞的生活。

范琪斐　你那時候沒有覺得，自己跟妹妹的生活很奇怪嗎？跟其他的小朋友都不一樣嗎？

阿　光　也還好耶！不知道爲什麼，因爲我們的世界裡面可能就是家長吧？我現在想想，眞的就只有家長而已。尤其是我爸爸。因爲我覺得脫離我爸的範圍是蠻奇怪的一件事。

范琪斐　爲什麼很奇怪？

阿　光　好像，沒安全感，或說不是好小孩，所以當時跟我妹講說每天A點錢，然後離開

范琪斐　我爸，我就是覺悟了。覺得說我這樣做不是乖小孩，我要過不一樣的生活。

阿　光　那妹妹怎麼說？

她說不好吧！這樣……做這種事情好像是偷東西，然後又離開父母親，這樣好像是不好的行爲、不好，當然她沒支持我，我就沒有做啦！

後來就，我們在台北火車站行乞嘛！然後一個在 NGO 做事的姊姊主動來幫我們，然後也有一對情侶，他們也是有幫我們聯繫。那對情侶還不錯啊！他們有帶我跟我妹妹騎那個重型機車帶我們出去玩，然後因爲他們是做小工廠成衣。他就帶我們去他們家，當場做一件衣服給我妹妹。因爲他說女生的衣服做比較快，半個小時可以做得出來、簡單的；然後他們就聯絡社會局，社會局的社工就來探訪，那我爸爸可能也不想再過這種日子了，因爲已經過了一年，通常他的極限是一年。（笑）

阿光被安置後適應不佳；父親情緒勒索、要錢，老習性不改

在社會局的安排下，阿光跟妹妹進了育幼院，可以上學念書，但是阿光適應得並不好。

阿　光　十歲開始住嘛！那你知道，因爲我的氣質、特質就會被霸凌，就說你這樣不太像男生什麼的。我跟他們很不合，因爲我總覺得他們好像比較會鬧事或講髒話，跟我以前原生家庭不太一樣。因爲我以前都是個人而已，我沒有跟團體生活過。學校除外

阿光的背影

啦對！我就跟他們蠻不合的，我就覺得哇，我在這邊好痛苦，十年，就隱藏自己，然後有點委屈這樣子，甚至說還要討好他們，才會讓自己過得比較好一點。

范琪斐　我知道你後來就發憤讀書對不對？跟我們講一下這個轉折好不好？

阿　光　因爲我知道我家裡經濟狀況不是很好，那我小時候就會學我爸去偷錢或幹嘛！然後他們會覺得說我是壞小孩。有一次我看我妹也是去書局，她去偷拿色紙，那時候我們都國小，當場我嚇到，完蛋了我竟然偷東西被她學去，我那時候才意識到「啊！我不可以再這樣子。」那時候當下就有點想要改變這件事，我覺得那我就好好念書。因爲社會就告訴你說，你家就是窮，你就得靠念書去翻身，然後要念大學。所以我就照著這個主流，一路這樣念書考試，所以我國中三年就好好一直念書。我在裡面被人家稱我是國寶，難得說怎麼會有這種小孩？在這種環境裡還可以這樣？是他們稱我國寶，我並沒有這樣講。

國中畢業後，阿光考上五專，然後還去考插大，考上了台南一所大學。他走上了他父親沒走的那條路；照阿光的說法，就是他也變主流了。在此同時，阿光的爸爸還是很不主流。

阿　光　他說他找不到工作，路走不下去。他就去做那個三七仔、皮條客，那個是私娼。然後他就是站在門口外面拉客，主要是拉男生、年輕的這樣子。然後他都是做大夜，那個只有大夜班；晚上十點到早上八點，一個月三萬五。三十年前三萬五，月休四天，然後他就跟我說：「好冷唷，在外面要拉客！」然後業績很差的時候，老闆會唸他，我認爲啦！他做那個工作還蠻穩定的，就是不會再跟我要錢。（笑）

范琪斐　你自己那時候錢從哪裡來？

阿　光　就是育幼院會每個月給我們零用金、零用錢啊，我們就有存起來，然後我五專有去打工嘛！後來你知道，因爲陳水扁上來的時候，他就要抄那個八大行業，抄得很兇，比國民黨還狠；所以我爸就說，他如果要做這個三七仔的話，你就要掛負責人；到時候被抓到，你就會被判刑，後來他被判刑四個月，後來他有存錢去繳納個罰金，然後他就找不到工作啊！就去做遊民，他錢之前也沒好好存，可能拿去賭吧？

范琪斐　所以你跟你爸爸一直有保持聯絡？

阿　光　嗯，在育幼院的時候他會來找我，久久一次；那五專的話就是電話、打電話而已，但他只要打電話來都是來要錢；我當下就沒辦法承接他啊，因爲我自己都顧不了，我念書也要錢耶！對啊，那我念大學、插大的時候去台南，他也是這樣跟我要錢；要不到錢還威脅我說，要去學校門口說我不孝順之類的。他常常在幹這種事，就親情勒索。

范琪斐　所以有一段時間就沒有來往了？

阿　光　沒有，沒有了。

范琪斐　OK 就是差不多，五專期間的時候就逐漸地……。

阿　光　對，逐漸慢慢就沒有再……那個來往了。

范琪斐　那個時候，你還不到二十歲耶！

阿　光　對啊！而且你看有一次十七歲、十八歲，我在餐廳打工嘛，他就知道我在哪裡打工啊！他就在餐廳門口坐在那邊堵我，要跟我要錢啊！我就跟我經理講，我經理說：「你不用擔心、你不用怕，就好好做你的工作。」後來我爸他坐一陣子就自己走掉，這種心理壓力讓我很不舒服耶。

在監察院打工，因遭剝削而開始關注勞動權益、參選市議員

但走上主流念了大學的阿光，人生並沒有因此就一片光明。從小跟他相依為命的小妹，精神開始出現不穩定的症狀；進入職場的阿光，因緣際會到了監察院做工讀生；他本來很喜歡這個工作內容的，但他認為監察院剝削勞工，多次抗議後無效，他乾脆將監察院告上了法院，監察院想要和解，但阿光不肯，他要留下紀錄。最終，他贏了官司，但也是由於這次的經歷，讓他對年輕人的勞動條件相關議題特別關注。一次偶然的機會下他進了人民民主黨，後來還決定去參選基隆市市議員。

范琪斐　參選的時候你幾歲？

阿　光　三十左右吧？對。我是比苗博雅他們還早參選。因為我沒有參選過（笑），所以我很害怕。我就去路上發文宣嘛！然後我想說發文宣要跟人家講話，我猶豫了四十分

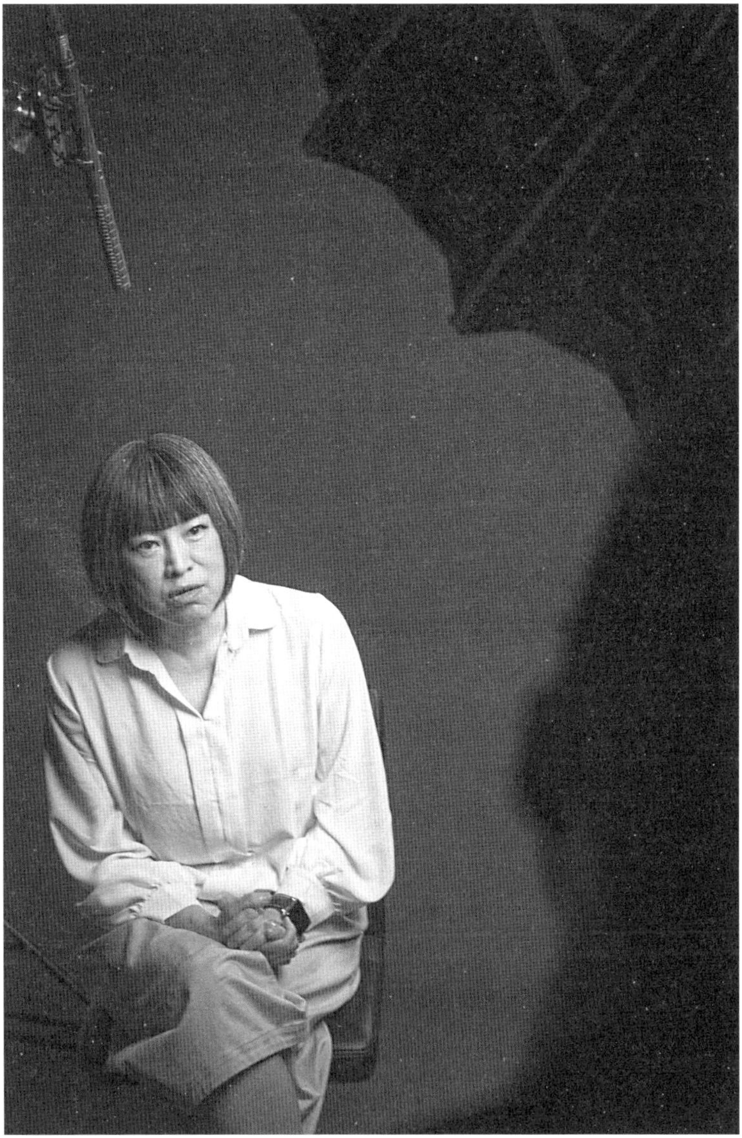

范琪斐在棚內

鐘，因爲我想說，會不會很怪啊？我誰啊？爲什麼要跟你講話？因爲我沒有做過這個動作，我覺得怪怪的。然後很奇妙喔！就是投票前兩個禮拜嘛！我就站在火車站那邊，就很多人主動過來看想說，你是誰，幾號？做什麼？我說：「怎麼跟之前差這麼多？」之前大家都不理人耶，現在突然理我，還要那個文宣品什麼的。然後我就跟人家說，我沒有文宣品。我說，你要文宣品的話我成本會很重，我選上的話一定會污錢，那你要這樣子嗎？你沒辦法談說你爲什麼要投票？你生活怎麼樣，我比較關心這個。對啊，後來我就得了八十六票，我剛開始有點失望。

范琪斐　多少可以選上？

阿　光　哇，那可能要兩千多票耶。

范琪斐　你看到你得八十六票的時候，當時反應怎麼樣？

阿　光　當時心裡想，有點小小失望啦！因爲我去發文宣的時候還下雨耶！那時候因爲快選舉都是冬天，九月十月下雨又冷，啊！我怎麼一個人在這邊？又下雨好冷，然後去發，然後有些人根本都不認識，誰要理我？我覺得好痛苦，我怎麼來這邊幹嘛？後來愈來愈接近之後，發現還滿有趣，還滿好玩的。會意想不到說，有一個大哥很奇怪，他就拿我文宣，幫我到處發，然後那個人還問我說，有沒有多的背心，他幫我穿、幫我去；然後我蠻訝異，那個人是台鐵的耶！很保守的公務員，怎麼還會幫我幹這種事，我還寫說：「我是同性戀！」他不在乎耶！

這雖然是十年前的事，但阿光講到的時候，他仍然是兩眼發亮；他還告訴我，有機會他還會再去選。

阿光　我覺得我最大的收穫是說，做一些以前我沒有做過的事、我不敢做的事，可以學到新的；第二個就是，因爲我做完選舉這件事，我舅舅、舅媽他們覺得我以前是魯蛇，我做完之後，他們也有一點嚇到，尤其是我阿嬤，嚇到。然後在家裡的地位就提升。眞的啊！然後他們就開始跟我討論政治的事情什麼。那阿嬤、舅舅還問我說：「啊，你還要不要繼續選？」他就會來問我這個，然後我們就可以跟他談這件事。像最近我舅舅又開始抱怨，我說你抱怨什麼，就是因爲這樣我才參選，不然呢？不然你告訴我怎麼辦？就是這個改變。然後第二個，你以前好多恐懼就會慢慢消除、消解，才知道說，啊也沒有那麼困難啊！可是我眞的是很一般啊！很弱，然後又是什麼同性戀、又被霸凌，然後你看我身材又瘦小：以後可以跟和我一樣的人或瘦小的人說，其實你也可以這樣。你只要做、然後慢慢做，哪怕到你死之前，本來人的生命中，可能你最多得分可以得到四十趴好了，最多是這樣。可是你去參選的話，弄弄弄，那你了不起，增個十趴，五十分；你這也是值得啊！不然你生命最多就到四十而已啊！你也可以這樣過啊！你也可以這樣過啊！那你繼續抱怨啊！

范琪斐在棚內

在改變社會的路上持續樂觀，並從了解、接住自己父親做起

阿光這個樂觀的態度讓我很感動，要知道過去十年，阿光也只是勉強過得去，大部分時候他還在領二十二K的薪水，但他不屈服、還在奮戰的精神讓我很佩服；可是讓我最驚訝的，是他在處理他跟他父親的關係時，一樣是用一個樂觀的態度去面對。

范琪斐　你說差不多十七、八歲就不聯絡了。二〇二一年的現在你已經四十歲了，這中間都沒有見過面嗎？

阿　光　兩年前有見過面啊！

范琪斐　爲什麼會見面？

阿　光　因爲我親戚有跟我說，我姑姑有一筆遺產，兄弟姊妹可以分，但是他們都找不到我爸，然後也不想找我爸，因爲怕跟我爸聯繫上的話，就會惹上麻煩，因爲我爸會耍賴跟他們幹嘛！講一些有的沒有的。所以我親戚就打給我說，有這個消息、訊息，然後請你自己做決定。我心想說，我爸已經年紀大、老了；那我心想說，他可以拿這筆錢去繳國民年金，至少每個月可以領四千多塊，那我是基於這理由希望說，他老年生活可以過得至少比較安定、安穩，至少租房子、小房子先可以住；然後每天有三餐可以吃。我是希望這樣，所以我就去台北火車站找他。找了好久，後來我就

跟鐵路警察局說，你看到我爸的話請我爸打電話給我。後來警察局就看到我爸，我爸就打給我，然後我就跟他見面，然後帶我爸去代書那邊，領現金、領遺產的現金；然後我叫我爸去繳國民年金，他本來不繳的，他覺得一下要繳九萬多塊；錢不見了，我就強迫他啊！叫他去繳啊！

因爲我覺得我自己已經改變過，我覺得我要從我身邊的家人開始改變，那我舅舅、親戚有試過一點，有小小改變；那我覺得**我要從我爸這邊開始，也可以，我要試著做這件事；所以想用這種方式，好吧！去接住他**。我眞的這樣想，想怎麼改變他這個。至少我爸爸可以重新理解我，不然我爸也一直以爲說，我都會罵他不負責，覺得說他很爛之類的。我想要跟他接觸、跟他說，我看你並不是這樣，是有不一樣的。我也希望你可以改變；因爲我知道你某種程度有些痛苦，我都可以理解；甚至我眞的有跟他講說，**你之前做三七仔還被關，政府是錯的，應該要性產業合法化；他當下就有點心被解開了**。對，我說，搞不好政府還要賠你錢，我認爲是這樣。你不該被抓去關還要罰錢，然後我跟我爸說，哇！你工作做那三七仔，穩定收入耶還可以存錢，眞的讓我嚇一跳。我有企圖想要做這件事，可是我也知道，他會跟我糾纏、要錢什麼的，他行爲很難改；不過我想說，沒關係，那我就做個決定，我就去做。至少我跟他講了這筆錢，我是釋出善意。

范琪斐　你還是選了樂觀的那一面，對不對？因爲這件事情有可能，好的結果跟壞的結果？

阿　光　對啊！對，是沒錯，我剛開始一直很樂觀，但我想想，是也很難；但我就是去做了，而且我眞的有做對他好的一面。

的確是很難，剛開始爸爸還跟小妹住在一起一陣子，但沒多久就破局了。阿光說，爸爸不但騙妹妹的錢，又開始打電話來跟阿光要錢。

范琪斐　你爸爸，就給你們的很少。

阿　光　對啊！是的。

范琪斐　這件事情你會不會……嗯，你想到的時候會不會怨啊？

阿　光　我……我想到是不會怨啦！我會怨，是他來怨我的時候，我就怨他；他不會怨我，我就不會怨他，我不會怨他，眞的。**我可以理解，爲什麼他變這樣，並不是完全他個人，全部是他的錯，當然他的行爲有一點要自己負責**。我小妹精神病發作那時候，我大妹就說是我爸害的。我說，你不准這樣講爸爸，把全部責任推到他身上；這個很多東西，當時歷史脈絡、背景什麼的；包括我說，大妹你自己去外面工作，你知道那種勞動擠壓、被壓榨、霸凌什麼的，你都知道這個，那你難道……爸爸沒有嗎？那個年代根本……**更是向錢看，哪會管你什麼心靈層次，什麼鬼的那些東西，還講什麼勞動人權？**我是這樣理解我爸，所以我不會那麼怨他。以前是會，很主流就是說：「你就是不負責任的男人！」就這麼簡單一句話打死他啦！我後來也慢慢理解了嘛！包括說你看，我是同志，一出櫃我舅媽跟我說：「你這個你這樣子很不負責任喔，你是不想負責任吧？」就是你沒有結婚生小孩這件事情，是很不負責任的行爲，二來你爸又那個德行，你更不應該這樣子，讓人家難過傷心，沒有做那些……聽話或是覺得比較主流的東西。我才知道，哇幹！因爲我舅媽也是五、六十歲，哇！那個社會強迫一個人要結婚生小孩這件事，是多恐怖的一件事，沒有做這件事還滿怪。過年還要被問一堆有的還沒有的，甚至在工作上，老闆也會用這種東西來評價；我才理解，哇靠！我爸壓力好大唷！（笑）他們沒有想過性伴侶這件事，或是別的想法這樣子。二來，**我也去外面工作上班才知道說，那個做工作的工人、勞工的辛苦，痛苦沒辦法說**。那我爸如果講說，他在工作怎麼樣，一定會被人家講說：「你就是沒出息！沒負責任！」就被人家曲解成這樣子，我覺得我爸爸會被人家曲解成這樣子。

范琪斐　你覺得你像不像你爸爸？性格。

阿光　會啊！會像啊！就是他會碎念，我也會碎念啊！他會焦慮，我也會焦慮啊！我都會受到他影響。然後我跟他蠻會挑工作的；然後跟人的相處，有些會比較敏感。我跟他不一樣的是，因爲我後來有一些機運吧！一些運氣，然後因爲社會有一些改變吧！同樣的事情，我接收到、學習到新的不同東西，我怎麼樣用別的方式去詮釋、理解這件事；**可是我爸很可惜，他那年代沒有這個機會**，我覺得我跟他差別是這個。

阿光說，他跟爸爸的不同，在於運氣和時代不一樣；但我覺得不只是這樣。老天爺給了阿光一手爛牌，是阿光不放棄，積極尋求改變；是阿光的樂觀，讓他跟他的爸爸不一樣。

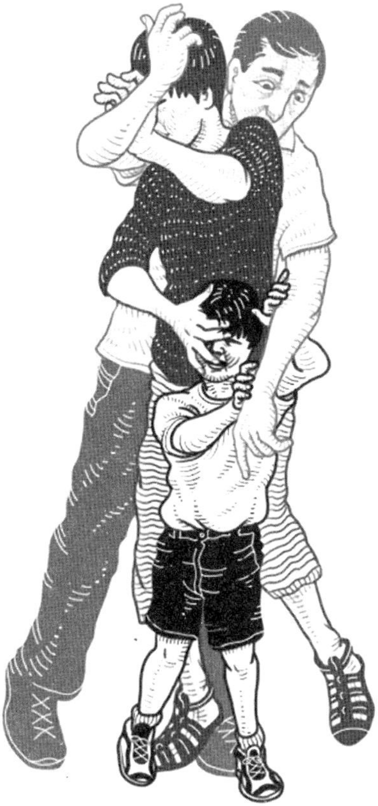

故事・五

受傷的人

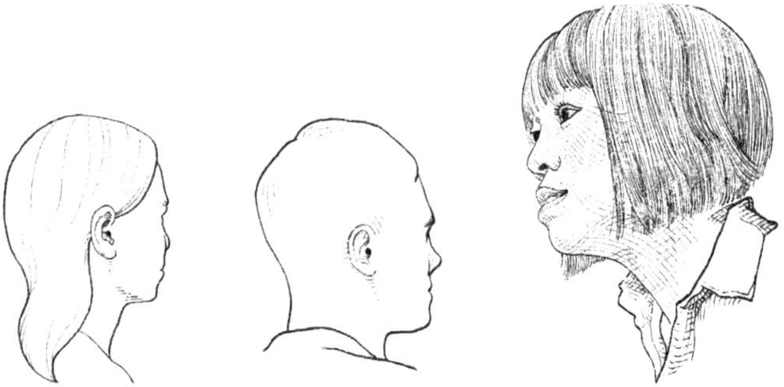

我的記性不大好。很多事情呢，朋友會興高采烈地說：「你記得我們那時候，就是怎樣怎樣啊！」但我呢？甚至不是模模糊糊好像有點印象，而是像在電腦裡面，文件被刪除那樣，一片空白。所以我對那些能將小時候的回憶如數家珍的人，總是覺得他們很厲害。但很奇怪的，有一次我在跟朋友聊天的時候，我有一個三歲時的記憶突然就回來了：我應該是在上幼稚園的小班吧？我坐在娃娃車裡，旁邊有個小男生每天都要擠在我旁邊，然後掀我裙子；有時候還會捏我大腿。即使這件事已經過了五十多年，我現在在講這個事的時候，我腦子裡仍然有一個畫面——陽光從娃娃車的窗戶透進來，我的小制服圍兜兜被掀起來。我自己低頭看到，我穿的白色小內褲。清楚記得的，還有那個不知怎麼辦的極度慌張。我不知道是隔了多久之後，才鼓起勇氣跟爸媽說了這回事。接下來，我只記得爸爸怒氣衝衝地跑到學校去，然後……然後我就轉學了。我跟朋友說起這個古早古早以前的記憶，朋友就笑著說：「他喜歡你啦！」

是嗎？

這次《說故事的人》，我們想來談一談，一些埋起來的記憶；埋得很深很深，深到連自己都不記得它的存在，直到有一天，它突然就像火山爆發一樣，衝出來。

幼時多次遭爺爺侵犯，爸媽決定搬家、提告家暴

范琪斐　里安，這是你自己為你自己取的名字，是嗎？

里　安　對。

范琪斐　跟我們講怎麼寫好不好？

里　安　裡外的裡，然後去掉旁邊那個……部首。

范琪斐　就是里長的里。

里　安　然後，安就是平安的安。

范琪斐　那為什麼取這個名字？

里　安　嗯……，就一個簡寫吧！就是一個全名的簡寫，比較好念的簡寫。

里安二十歲出頭，笑起來時有一點靦腆。他自認，自己是在一個爸媽很多愛的環境下長大的，就是小時候跑步跌跤了、有一點小傷口，爸媽就會馬上抱起來呼呼那一種。但里安小時候，有一個很黑暗的回憶，給里安的心靈劃了一個很深的傷口；他的父母沒看到，所有的大人都沒看到。這個傷口就這樣留在里安的心裡。有時候甚至連里安自己，都忘記了。

里　安　我小時候的經歷就是，爺爺會對我……第一次的時候，是在我爸媽不在的時候，然後旁邊也沒有人。那他就，那時候我大概是幼稚園小班左右；他突然間就叫我過去他旁邊，他就坐在樹下。我那時候就想說，爺爺應該找我有什麼事。那我就過去，結果他就抓住我的手腕，然後就把他的手，伸到我的褲子裡面開始摸我的下體，從小，其實我就對別人觸碰我的身體有感到警覺，那那時候，我很自然的反應是把他推開，可是推開的當下，他就會用另外一隻手馬上抓住我的另一隻手腕把我拉回來，那他又摸幾下，我就又更奮力地去推開。然後，他推開的瞬間，他稍微手鬆的那一瞬間，我就趕快跑開。對。

范琪斐　這個事情，發生過很多次嗎？

里　安　非常多次，非常多。有印象能記得起來的，大概有十次左右；十次以上，大概在二十次以內，可是有一些，會刻意把它忘掉。對。

范琪斐　當時，嗯，你有沒有跟誰講過這件事情？

里　安　後來，長大後在跟爸媽聊的時候，他們是說，那時候是我跟他們講的，而不是他們發現到我被爺爺這樣子侵犯……。可是我印象中是他們有看到過一次，然後發現。

范琪斐　當時爸媽怎麼處理？

里　安　我印象中的是，爸媽就跟我說，我儘量遠離爺爺。因爲那時候，爸媽兩個都在上班呢！阿嬤有時候會在，有時候就會去菜園，那……我爸媽的建議是說，就遠離爺爺；然後儘量回家就是待在家裡面。

范琪斐　你對這個處理方式感覺如何？

里　安　其實覺得很無助啦！第一個是覺得說，我爲什麼要因爲一個爺爺會對我這樣做，而我要失去我可以自由的時間，可以在附近跟狗玩啊、貓玩啊這樣的時間，會覺得沒辦法接受。

自此以後，里安就儘量躲著爺爺；但在他十歲那年，爺爺到家裡來了。

里　安　我小學大概三年級左右的時候，有一次我在澆我們家的花，那庭院的花，就把水有一點點噴到馬路上，那對面的鄰居就跟我爺爺講說：「你兒子他們家的水，好像漏出來了。」他就跑來看。跑來看的時候，我其實從被他這樣子侵害之後，就不覺得他是我爺爺，那我也不希望他再進到我們家。爸媽也跟我們講說：遠離他。我剛好門打開著。他說他進來看，我說不要，然後我想要把他推出去的時候，他就把我抓起來，抓住我的手腕，然後大力的連續扯……對我的臉頰，就是賞巴掌，連續的非常多下。

那一次之後，我……更是被嚇到。然後當天就跟我媽媽，等媽媽下班的時候回來跟我媽媽講。那時候爸爸在外地。那爸爸也知道的時候，當下爸爸的決定是說，他受夠了。他直接跟我媽媽講說他要提告，他要提告家暴；他不要再看見他自己的爸爸，對他自己的兒子再做這些事情，所以他決定要告。

范琪斐　當時其他的家族成員反應怎麼樣？

里　安　很激烈，非常的激烈，就是覺得說，那不管怎麼樣，他都是我爺爺，然後你為什麼要告他？他就只是打了你幾下而已，他們的想法就是這樣。

上學被同學性騷擾，老師卻輕鬆以待

在這同時，里安在學校也有很嚴重的困擾，就是同學幾個人會分別抓住他的手腳，然後大家一起去摸他。

里　安　就是……同學會跑來，嗯……，直接手過來抓我生殖器，就是很用力地抓下去，然後就是抓著不放，然後弄到我很痛、很不舒服，然後他就感覺是很享受地在看著我，那種被他弄的快感。

范琪斐　然後你有跟老師講嗎？

里　安　有！有跟老師講。

范琪斐　啊發生什麼事？

里　安　老師就覺得說，這是男生之間的打鬧，但我是完全就覺得說，今天一個小男生去掀一個女生的裙子，在我那小時候，他們老師就會覺得說，這樣的行為是在騷擾。可是，今天是一個男生抓另外一個男生的性器官的時候，老師居然會覺得說，那叫打鬧（笑），我是完全沒辦法接受，而且更何況是在被爺爺這樣子侵犯過之後；會更覺得說，**別人，尤其是跟我同年齡的人這樣動我，更覺得沒辦法忍受**。

其實我從一年級到四年級，從來沒有跟爸媽講過；連同學摸我、就是抓我雞雞這件事情，我都沒有跟爸媽講。

他們只會去學校，很衝地去跟老師、跟學校爭；可是那樣的爭，在我進去學校的時候發現，那樣爭，不會有我們想要的結果，反而會更慘；那老師會更變本加厲地報復你。所以是到四年級，剛好參加了一個營隊；那個營隊帶隊的承辦他們，就，有一次我剛好被其他人欺負，我情緒爆了；我就講出我在學校怎麼樣被人家欺負。他們就跟我爸媽講，我爸媽才知道，然後才說，要開始再找學校，要把我轉出去。所以其實在一到四年級那段時間，就是陷入在一個很無助的狀況，不敢去跟爸媽講。怕講了爸媽去學校爭，可是沒有把我轉學出去，或是沒有辦法得到更好的方法處理的時候，我會被整個學校更變本加厲地報復。

范琪斐　嗯，你覺得大人的這種處理方式，對你有沒有影響？

里安　我覺得有，而且也是蠻深的影響。因爲老師的處理方式會讓我感覺到說，我跟任何人求助，都很無力；那就像爸媽知道爺爺這件事情的時候，也只能跟我講說，他們不在的時候我待在家裡，那沒有別的方法讓這個威脅我的物體，威脅我的這個人遠離我、消失。那其實就是一個恐懼感一直存在，然後那樣子的恐懼感存在以外，旁邊的鄰居或者是親戚，一些都有看過爺爺，或者說像在學校，老師也有看到、也有親眼看到過，那就是置之不理。這種感覺是你的身體被很嚴重地侵犯了，可是你求助無門。

童年的黑暗經驗，一度讓暴力擴散出去

里安的父母幫里安轉了學。過了兩年，在里安十三歲那一年，里安的表弟表妹家出了一些狀況；里安的母親為了幫忙，就常帶著里安到表弟、表妹家去，那時，發生了一件事。

里　安　有時候去表妹、表弟家的時候，剛好跟他們單獨在一起玩的時候，就會把他們抓起來，或有時候是打他們，有時候是把他們壓在地板上，然後會去摸我表妹的身體。就覺得說，我也想讓你們感覺一下我的感受。然後我當下會覺得說，把這種暴力傳出去的感受，第一次的時候會感覺到很有快感，我好像釋放了過去被迫害的那個壓力；但是事實上是，在每一次覺得釋放完之後，自己又會覺得說，我怎麼可以這樣做？然後反而會讓自己陷進去裡面，更深；**就覺得說，我自己對我的表妹、對我的表弟，做了這些別人在我身上發生的事情；雖然沒有做到這麼超過，可是對他們來講也是非常大的暴力**。

范琪斐　你現在再回頭去看當時的行爲，你自己的行爲；你現在感覺如何？

里　安　如果以現在長大了，經歷過很多事情來看的話；覺得說，當初我應該把這些東西，

范琪斐在棚內

把這些被社會暴力、被自己家人的暴力給吞下去，會覺得應該要吞下去，而不是讓它擴散出去。

以在台灣的這個社會來講，我覺得我當時能做到最好的，就是吞下去這一口氣而已；因爲跟爸媽講，爸媽的能力上也有限，他們能把我帶到另外一個空間，就已經很勉強。其實在這個社會，這樣子慢慢成長的過程中看到的是說，**今天我把暴力傳給另外一個人，那他如果沒辦法平復掉，沒辦法有好的地方釋放出去，他也會繼續再把這個暴力再傳給下一個的人；而這樣子的狀況，不是我想要看到的**。

到了里安十七歲高中的時候，他開始參加社會運動；跟一群願意改變現狀的人站在一起，里安認為，他終於找到跟他記憶搏鬥的方式了。

里　安　從我過去的成長過程中，遇到的東西我覺得都比較黑暗，也比較就是一直存活在一個很無望的感覺。但是在參加社運的過程中，大家會……就這樣一群人會爲了環境，或者是爲了人權而站在一起；那這樣子，你會有一個往前進的能量。我覺得如果沒有去參加社運，或是沒有關注這些社會議題的話；如果我繼續在一般人的生活圈的話，我覺得我很有可能會選擇……結束自己的生命，因爲我覺得這社會眞的很黑暗。

里安用自己的方式處理他自己的傷口，他自此不提小時候發生在他身上的事；他自己也覺

得，應該好了吧？直到去年他去參加一個活動，聽到與會者分享自己被性侵，跟被性騷擾的經驗的時候，他發現自己的情緒突然很激動，在現場就暴哭了起來。他回家後，覺得有必要跟父母長談；這個長談，沒想到，卻引出了母親自己的記憶。

里安的媽媽陳姐，少女時代險遭狼師侵犯

里安的母親在二〇二一今年五十九歲，我叫她陳姐。接受《說故事的人》的訪談時，她跟里安一起來；看得出母子兩人，感情蠻好的。

范琪斐　第一次他告訴你的時候，你還記得嗎？

陳　姐　他其實，那時候小學就已經講過。剛開始就講過。我那時候也覺得說：「好像我已經都處理掉。」可是上個禮拜我才發現，我也挺殘忍的；我不願意聽細節，我不願聽他的感受。應該是說，我那時候沒有那個能量去聽他的感受。

陳　姐　其實，我真的對他很抱歉。嗯，我知道那樣不可以。我也跟公公、婆婆抗議過，只是說，在我們……我們沒辦法非常……，但是真的是有明確抗議過。可是，我說很抱歉是說，我從來都沒有聽得很細，我從來都不願意坐下來，聽他講得很細。我對我孩子的情感、情緒方面，我真的，沒有那麼大的包容。我也才突然發現說，爲什麼他會走社運？爲什麼他會那麼大的怒氣，**其實，是我對他情感的包容不夠；情感**

願意去了解的部分不多；我會逃。那天我發現，我其實，是已經成了習慣；我沒有想到說我成了習慣，其實我早就有能力可以去接受他的情緒。這麼多年下來，我早就可以去接受他的情緒了，可是我居然，用這樣的態度跟我最心愛的兒子相處二十年。

她說她後來細細思考，為什麼她會對里安這麼大一個創傷視而不見；她認為跟她自己的經歷有關。

陳　姐　那個時代，其實我比琪斐大個幾歲而已，而且我是在南部。就是說，嗯，就是……不管是老師或者家庭，其實並沒有太寬闊的空間，嘿，然後很多的限制。譬如說，我到了三十歲，我穿個緊身衣，我媽媽居然告訴我：「你怎麼這麼騷？（笑）」我那時候心整個抽冷了，我還沒有結婚，我也沒有交男朋友。我說：「你怎麼對我這樣講話？」而且我向來是很乖的，爲什麼你還要這樣跟我講？

環境是這樣，所以在陳姐十二、三歲，差點被老師性侵的時候，她也不敢跟任何人講。

范琪斐　當時，那個老師帶你到房間去，做了什麼？

陳　姐　就一道門、一道門地關，然後關到房間，就叫脫我大衣，因爲是冬天；然後，他就叫我靠近他；然後他從旁邊、側邊抱我，然後手從我這裡伸。

范琪斐　從這裡，是指？

陳　姐　從領口伸進來。因爲那時候我還沒有眞的懷疑。我說，摸我這裡幹什麼？因爲我還沒有發育，我沒有……然後再繼續，我想：「你究竟是要幹什麼？」然後，後來再往下，我才意識到不對，就抓緊衣服。那……他就是接下來就是要求我，跟他平躺在床上，平躺在床上他沒有對我做什麼，可是我不敢看，我後來想，他好像在搓自己的陰莖；後來他就已經興奮起來了。然後他就帶我去他的房間有一個大型的衣櫥，他把衣櫥的拉鍊拉開，然後就往衣櫥裡面射精，要我陪他看；整個過程我眞的是傻了、愣了。這個是什麼？其實我根本都完全沒有性的概念，也沒有生殖器的概念。然後我那個憤怒、那個憤怒，就是說我不敢講。

范琪斐　你那時候幾歲？

陳　姐　小六。

范琪斐　所以差不多十二、三歲的時候。

陳　姐　對，連月經都還沒來。

范琪斐　所以當時看到以後，你還記得你的感覺，還有接下來。

陳　姐　感覺是，整個都瘋掉的。我只害怕說，我到底是不是眞的被性侵了？所以我自己去找書看。

范琪斐　小六那個時候就自己去找書看？

陳　姐　偷偷找書看。我也不敢跟我媽講，也不敢跟我爸講。

范琪斐　一直到陳姐已經三十五歲了，她去上心理成長課；她才終於第一次鼓起勇氣，說出這段多年前的經歷。

范琪斐　那時候是，妳第一次講到這個東西嗎？

陳　姐　對，第一次。第一次對外講，然後我才跟我媽講。

范琪斐　所以你媽媽是到你三十歲之後才知道這件事，OK。

陳　姐　對，她第一個反應就是跳起來：「你爲什麼不講？我找他算帳。」然後就：「看，我爲什麼不講？因爲我講，你就是這個反應，那個時候你這個反應，我一定完蛋。」

范琪斐　爲什麼會完蛋？

陳　姐　那個時代，大家如果知道；**大家對我懷疑的眼光，我承受不了**。

范琪斐　你覺得會怪在你身上，不會怪在老師的身上。

陳　姐　對，會覺得我是……就是破銅爛鐵。我不想要給人家這樣看。我眞的不想要讓……我已經，極力在保護我自己了。我不想讓人家這樣看。而且，我跟我媽講的時候，我根本還接觸不到，那個時候的生氣和憤怒；我是很平靜的，是上課的時候有一點情緒出來，比較放鬆、比較清楚的時候，那我終於清楚說，那老師早就不在了。然後我也長大了，早就時代不同了，我可以講了！眞正的憤怒是這兩年，突然有一天我跟我先生，才去 touch 到當初的憤怒。

范琪斐在棚內

里安的爸爸幼時，也曾是性侵犯的受害者

陳姐跟里安的爸爸，兩人關係一直非常親密。但幾年前里安的爸爸有了外遇，對兩人的關係產生很大的衝擊；但是為什麼，這會啟動到四十多年前，她差點被老師性侵的憤怒呢？

陳姐　我其實自己也滿內化，對自己的身體。我……也有貶抑自己，也有把好像結婚這回事、做愛這回事，是老婆在侍奉老公；對於說，自己享受性愛這個方面，有時候好像敢，有時候又好像不敢，藏得很深。然後，因爲他的不忠誠，我才發現，爲什麼我是這樣的人，很有趣啊！就是說，我也有把我自己的身體物化地看待的部分，就是說，結婚、跟老公做愛，有個部分是迎合他；其實我不敢承認，在心裡面我自己也有愉悅的部分。我對於說，自己女生對性愉悅有點覺得可恥，我不知道我爲什麼……。

陳姐後來跟我說，她其實知道為什麼，就是因為小時候的經歷，加上陳姐自己母親對她的態度，還有整個社會對女性的輕蔑，都讓她潛意識地貶低自己。她一直以為，只有先生才能理解她、珍惜她，所以當先生有外遇的時候，所有的夢魘都回來了。兩人吵了很久，甚至會上演全武行。里安說，他有時候真的擔心會鬧出人命，都會去藏菜刀、剪刀之類的刀具，但可能吵架，也是溝通吧？陳姐跟里安都說，最近兩人跟爸爸的關係都有改善。在兩人接受訪談那天，

爸爸其實也來了，但不肯進來錄音間，堅持在樓梯間等母子兩人。在談到里安爸爸的時候，我發現一個讓我更驚訝的事，就是里安的爸爸小時候，也是受害者。

范琪斐　告訴我們，之後發生的事情。長談之後發生的事情。

里　安　長談之後，其實那天就是……反過來換我在問我父親，他在他們小時候，是不是也發生過？那得到的答案是，就是這樣子。他們小時候，也發生過一模一樣的事情。

范琪斐　所以你爺爺也對你爸爸做同樣的事？

里　安　對！我爸爸、我叔叔，對他們這樣做，那至於我爸爸是說，他們沒看過對我姑姑她們做過這樣的事情。我爺爺就只針對他們男生做過。對，那在我小時候，我也唯一就看過，就是對男生。

陳姐也說，不只這一個。公公有很多家暴的紀錄，比如，為了要跟婆婆拿地契、拿自己家的房子出去做生意；婆婆不肯，公公就會拿刀抵著孩子的脖子，要脅婆婆。

陳　姐　里安的爸爸他自己跟我講。他只是敍述，沒有感情；小三的時候，他拿著刀，準備要去捅他爸爸。然後，隔壁的舅舅，那個舅舅對他非常好，過來把它搶下來，跟他講說：「你怎麼可以對你的爸爸這樣？」我跟他相處那麼多年，我覺得這句話，對他是，讓他把所有的情緒都吞進去了。

范琪斐　我們沒有辦法跟爸爸做訪問了！可是我想要知道，你對你爸爸的觀察，就是說，這件事情對你爸爸有沒有產生什麼影響？

里　安　對於整個社會很多不公平的對待，他常常會覺得說：「就是這樣子。」那我們就是任人宰割，會有這樣的心態出現。那對於有些人侵犯到你的權益的時候，他也不太敢第一時間出來說：「喔，你侵犯到我了。」有很多的東西，他會，往自己身體裡面吞，不願意去談，連甚至跟我們家人之間，他也不會主動開口談這些事情。問他說：「這些傷害對你來說有多大？」那他也就是一直堅強地說，都沒有傷害。可是，他在這麼小的時候就已經遭受到這些東西。我不覺得一個小孩在遭受這些事情的時候會沒有傷害，可是我覺得他就是一直吞著。那……換成他當父親的時候，他也一直迴避不去看過去他父親做過的事情。他一直想要做比他父親更好的事情。他覺得說，某種程度他對我身上的愛，他是在彌補他過去沒有得到的。

陳　姐　剝奪他，剝奪他一些跟人家溝通的能力。因爲溝通，我自己的經驗是需要你能夠跟自己眞正的情緒連結在一起，然後再下來，你才能夠覺察到更深的東西，你眞正想要表達的東西。那他很難跟自己的情感連結；那他跟人家，不管再怎麼樣……都是隔著一層；其實他也把自己包起來。他……他應該跟小時候的自己、跟現在的自己是隔著一道很厚的牆。

「你可以做到而你不做」，讓里安無法對爺爺釋懷

里安的爺爺在十三年前已經過世了，因為里安不肯拿香拜他，家族裡，又起了一陣風波。

里安　阿公過世的時候，他其實應該在過世之前，就已經中風了。那倒在家裡已經有大概半年到一年，他快死的前幾個月就剛好過年，他那時候有人給他一個紅包，我剛好就是，去被叔叔他們說，大家聚在一起。然後我就坐在他的旁邊，只好在旁邊看電視。他那時候就一直叫我的名字，然後一直跟我講說：「紅包拿走。」我覺得那個時候有更大的恨意。其實在之前，就已經對他很有恨意了，可是那個時候恨意更大。就覺得說，你爲什麼現在倒下去了，你才會覺得說，我是你的孫子。然後你才會覺得說，你想要給我點什麼。**那個紅包不只是代表錢，它是代表一種感情**。你怎麼會到你感覺你自己快死的時候，好像才要給我點什麼。可是你怎麼不一開始就做？然後你要這樣子，在我身上做了這麼多事情之後，你才做。其實那個感覺就是，我眞的很恨你。我眞的當下眞的很希望他就當天就死了。我沒辦法……這種行爲我沒辦法去釋懷，更不能去原諒他做的。**因爲我發現，你可以做到而你不做；**那最後他死的時候，叔叔、姑姑他們就要我，因爲爸爸是家裡的長子，所以希望我去上香拜；然後我就非常的排斥，**我跟他們講說：「他不是我爺爺。」**那他們的反應就是，他不管對你做了什麼事情，他都是你爺爺，所以你要拜他。我就是從頭到尾咬著牙，

跟他們講說：「他不是我爺爺，他從來就不是我爺爺。我沒有這個爺爺，然後如果他眞的是我爺爺，他不會對我做這些事情。」

里安講到爺爺的時候並不是咬牙切齒，但我可以很清楚的看到，他心裡的傷口還在那裡。我忍不住要想，這傷口也許永遠都去不掉了。但哪一天可以不痛了嗎？或是，少痛一點也好？

范琪斐　你覺得說出來這件事情對你有沒有幫助呢？

里　安　嗯，要看對誰說。我覺得要看對誰說。如果說，像當初在學校被同學這樣子騷擾，或者是被……跟老師講的時候，其實是沒有用的，反而是一個更深層的傷害。

范琪斐　可是這一次，跟父母再做一次溝通呢？這一次的溝通呢？

里　安　這一次的溝通覺得說，會更能去理解到，當初爺爺的這樣的暴力不是在我身上；而也會更理解到說，其實不是只有爺爺的問題，是整個社會的問題。

范琪斐　你說整個社會的問題是？

里　安　第一個是，爺爺爲什麼會有這樣的行爲？那……是在他更小的過程中，有被別人暴力到、遭受到別人的暴力？或者是，他在成長的過程中，遇到社會給他的價值觀這些東西？

范琪斐　所以你從你的觀點來看是，我們這整個社會一直沒有正視這個問題。

里　安　我覺得是。

范琪斐　我相信包括你來做訪談，我覺得你是不是希望這個情況有所改變？

里　安　非常希望。

范琪斐　你希望發生什麼事？

里　安　我希望說，不管是男生或女生，在遭受到性騷擾或者是性侵的時候，他可以信任這整個社會，跟任何一個他覺得信任的人講出來，而他信任的人，可以幫助他、去保護到他，不被再繼續受到傷害。對。

里安一家的故事對我來說，最震撼的部分，就在一家三口都有被侵害的經歷。我們的社會是在不知不覺中將這個傷口一代一代的傳下去了嗎？我們在看里安的故事時，也許會覺得里安的爺爺是這一連串傷害的起點；但我也忍不住要想，里安的爺爺真的是起點嗎？但我最希望的是，這個傷口終於可以在里安這裡劃下句點。看著里安一家人終於能夠坦誠的面對自己的傷口讓我燃起了希望；看到傷口，才能真正開始療傷，不是嗎？

故事・六

白色恐怖：誰的正義？

我是在白色恐怖時期裡長大的。解嚴的時候，我都已經大三了。我念的東吳城區部，就在關押審訊了許許多多政治犯的警備總部旁邊；我們的排球場跟警總就是一道牆隔開。我還記得那牆上布置著，現在大多數人只有在電影看過，架在監獄牆上的那種刺網。現在想想，其實在我們那個年代，這種刺網還蠻常見的。我還記得，練習排球的時候，有位學長開玩笑說，殺球時大家別跳太高，小心警總的機關槍射過來。

一群人都笑翻了。

我現在回想起來，覺得一點都不好笑。但在當時，我們這群大學生，其實對台灣的歷史或真實的狀況了解真的非常少。我們不知道什麼是二二八，我們沒有聽過泰源事件；我們連隔壁的警總做了些什麼都不知道。

這次《說故事的人》要訪問的蔡寬裕跟陳欽生，就是知道，像警總這樣的單位做了什麼的人。

前途光明的知識菁英，卻被白色恐怖斷送大好前途

范琪斐　我先自我介紹一下，我是范琪斐。

蔡寬裕　聲音大一點，我的耳朵，嗯，比較重聽一點啊。

范琪斐　好，沒問題。

蔡寬裕是我的老學長，他是東吳在台復校第一屆經濟系的畢業生，到二〇二一的今年八十八歲了。在我那個年代，能進大學，算前段班吧！但在他那個年代能進大學，絕對是金字塔頂端的菁英。再加上家境不錯，本應該是人生的勝利組，但在一九五七年東吳畢業前夕，他在學校跟同學談及反美言論，被職業學生告密，關押了六個多月。

隔了五年，只因為朋友寫了有「獻身解放台灣民族獨立運動」字樣的傳單，他也有事。他被抓到調查局嚴刑拷打，這一次判了十年。

他坐牢的地方，在台東的泰源監獄。對，就是那個計劃以台灣獨立為目的，發動監獄革命的泰源事件，他也參與了謀劃。泰源起義失敗之後，被抓的六名同伴，五人被判了死刑，槍決了。但因為被抓的同伴，怎麼刑求都不肯供出其他人，讓蔡寬裕得以存活下來。蔡寬裕十年刑期服完，又被送去教育感化，其實就是換到綠島指揮部新生訓導處留訓隊，再關三年。蔡寬裕說，教育感化更可怕，因為沒有刑期限制，愛關多久就關多久。總之到蔡寬裕出獄的時候，是一九七五年，他已經四十二歲。

蔡寬裕

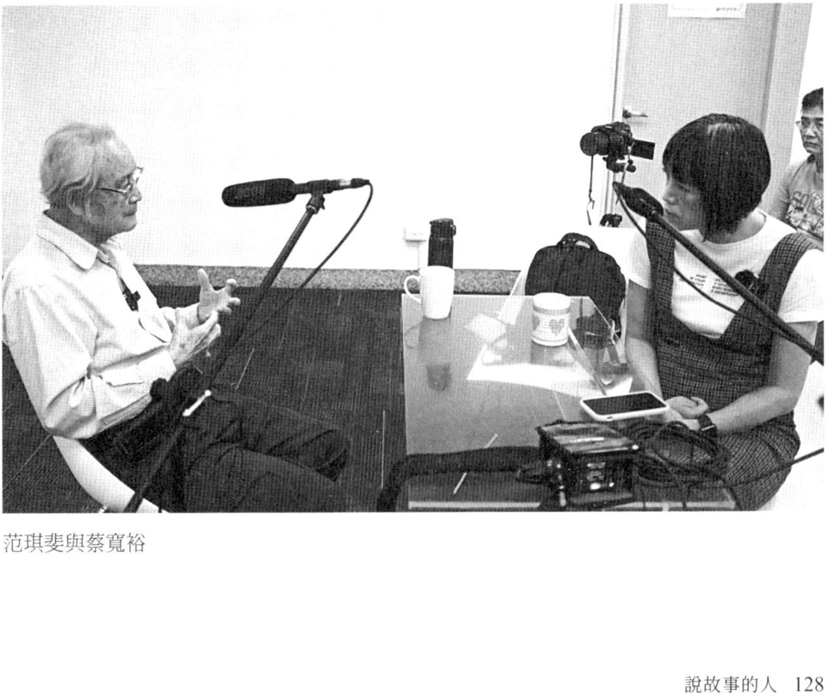

范琪斐與蔡寬裕

他告訴我，在獄中，他的心情其實很平靜。

蔡寬裕　一樣同是坐牢，會有不同一個心情在裡面。一種是像他平白無故被抓進來，給人家扣一個帽子，會影響到他大好前途，所以他，一定有一種恨在心裡。像我個人來講，因爲多少，我有反抗國民黨那一種思想；雖然沒去做什麼事情，但起碼那一種思想存在，所以既然……抓到你的手裡，那你要給我制裁。我那一種當時的心情，我不是感覺我是無辜的。因爲我認爲，本來就是敵對狀態；在敵對當中，我落到你手裡，那就由你來，就是這樣子。不然的話，只要我有生之年，我要推翻你，這個是一種公平交易。但是這個是我的理想，事實上我什麼都沒有去做；什麼組織、什麼發展、宣傳啦，我這些都沒有去做。但基本上我有這種想法，所以我心理上，心安理得。到目前爲止，雖然我那麼多的遭遇，一些有形的損失，但是我沒有這個恨在心裡。

我想，他說的是求仁得仁，但在我看，你什麼都沒做，不過是想想而已，這是什麼滔天大罪？要弄到一個二十多歲前途大好的青年，被關到成了中年人出來。蔡寬裕說他心裡沒有恨，但沒有遺憾嗎？蔡寬裕說，他最放不下的就是他的母親。

蔡寬裕　我這個母親並不是我親生母親，是一個繼母，我父親再娶的。我是她帶大的，我五歲就跟她，一直到我二十九歲去坐牢，二十幾年來，我們母子感情非常深厚。

我記得我判刑之後，我母親來看我。我說，母ちゃん（日文：母親），我很抱歉，讓你失望了。但是對你是不孝，但我要對民族盡大孝，你讓我去完成那個大孝，那我母親當然不懂我這個意思。

所以蔡寬裕一出獄，他急著回家，就是要去見母親。這時候蔡寬裕已經有十一年沒有見到母親了，以前常來信的母親，突然差不多一年沒有寫信了；打電話回家問的時候，家人又一再推託說母親病了、不能接電話，所以他從綠島監獄放出來的時候，心情是非常焦慮的。

蔡寬裕

七十五年我回來的時候，那一天是颱風啦。本來我要坐小飛機，沒有飛，交通船也停開。所以，我們那個幹事送我到碼頭，他說，還是回隊上等吧。但關了十幾年離開家裡，心裡很急啊！所以我就一直不放棄，在碼頭那邊等。那一天原來是有船班，但船沒有來；結果有一支小漁船要過去台東；我就問他，可不可以讓我帶。他說：「你如果不怕暈船的話，那就上船吧！」那我就跟他上船。那個漁船很小，坐都沒有地方坐；但是我就抓了竿子在那邊站著，一直在吐啦。吐到富岡，上船之後，交通就中斷了。中斷了，有人騎摩托車到碼頭來。我請他給我帶到這個公路局去；公路局也停開了。那停開的時候，我就坐到綠園。

綠園是警備總部的台東招待所。蔡寬裕在離開綠島的時候，獄方跟他說，如果沒有交通的

話，可以去住在綠園。他到了綠園招待所完成報備，就馬上到電信局打電話回家。

好不容易出獄回家，最親近的母親卻在半年多前離世

蔡寬裕　我家裡的這個店員先接，我說我找母ちゃん。他趕快叫我爸爸來聽電話。我爸爸才告訴我，母ちゃん走了。颱風天嘛，雨下得非常大，所以我就從電信局要回到綠園，那個路上，我就站在那邊淋雨；把那個情緒給它壓下來，差不多有一、兩個鐘頭，渾身都濕了。

我回到台中，已經隔一天早晨四、五點。四、五點我就按門鈴，我家裡的店員來開門，看我出來，那我就用爬的，爬進去，就到母親的靈前，去那邊。過後呢，就問我母親埋葬在哪裡？我姊夫就帶我去。那帶我去，他又要帶我回來；我說，你讓我在這邊靜靜的，我要在這邊。

隔天我就去租露營的小帳房。我就把一些裝備啦準備好，去那邊搭帳房。

蔡寬裕原本要在墓地搭帳篷守靈一個月，但家人不同意；他就每天騎腳踏到墓地，晚上才回家，就這樣過了兩、三個月。

蔡寬裕　我在坐牢當中，就有一種想法。如果回家，我準備一、兩年都不離開家，就要好好

陪我母親，就要跟她在一起。但回來之後，我母親已經走了八個月了，那我就想，我在公墓那邊再陪她，那種是一種……彌補的心態啦。

這是快五十年前的事了，但蔡寬裕在跟我說的時候，就像是昨天才發生的事。他連他當天穿什麼衣服都記得。直到現在，他還常夢見母親，夢見跟母親在一起說話。他說他雖然經歷過這麼多事，但很少掉眼淚；只有在想到母親跟泰源監獄的同伴的時候，會忍不住流淚。

蔡寬裕跟我說，失去母親這件事對他來講，不是失去一個親人，是整個家，都沒了。

蔡寬裕　有厝無家啦！一個家並不是一棟房子就可以是一個家。**家人在，才成一個家**。我母親走了之後，家裡就沒有一個中心。那我回來，我要依靠誰？就是那一種精神的支柱也失去掉了。所以這個改變，此後的一些人生態度，影響到我這個後半生。如果我回來，我母親還在；可能為了我的母親，我會比較保守，讓家人比較放心，一個家可以能夠圓滿。不像回來以後，到處跑、到處跑，像台灣話叫「無主的孤魂」那種飄離散失。

蔡寬裕出獄之後，開工廠收容了二十幾名難友就業。不過警總沒放過他，工廠大門守衛就是警總安插的人。他也協助其他難友養老，例如，蘇東啟案被判十五年的政治受難者黃樹琳，一九七六年出獄後失蹤一陣子，後來才查出他被關進玉里療養院。蔡寬裕和幾位難友把他保出來，後來黃樹琳車禍身亡，也是蔡寬裕跟幾位難友為他辦的後事。鄭南榕絕食抗議期間，他去幫忙照看；鄭南榕自焚當天，他接到消息，帶著大兒子就急忙衝去；結果孩子到現在，心理陰影還沒有完全過去。

現在的蔡寬裕，積極推動政治受難者的平反運動，現任「台灣戒嚴時期政治受難者關懷協會」的理事長；近年來，常常參與白色恐怖時期的文史工作。

《說故事的人》要訪問的第二個人是陳欽生，我們叫他生哥。生哥是一九四九年出生於馬來西亞的華僑，他的生日是二月二十七日。他在十八歲時來台灣念大學，卻成為白色恐怖的受難者。受訪前，他帶我們到位於景美的人權博物館走一圈。這裡原先是警總的景美看守所，當年很多政治犯，包括生哥，就是被關押在這裡並且進行審判。生哥告訴我們，最多的時候，這裡曾經同時關押了七、八百名政政治犯。現在的園區，表面上看起來，就像台灣許許多多軍營改造的景點，幾棵大樹之間，錯落著幾間樓房。但我不知道為什麼，一走進園區，就感到一股肅殺的氣氛。生哥帶著我們先看了當年關押他的牢房，再往軍事法庭走。

單純來台求學的馬來西亞僑生，卻莫名其妙被抓、被栽贓、被刑求

陳欽生　其實最……最恐怖的就是這一段路啦！從裡面走出來的時候，經過這條路的時候，兩邊都是那個憲兵，荷槍實彈的站在那邊；三步五步就一個，三步五步就一個，從

范琪斐與陳欽生在景美人權園區

范琪斐與陳欽生在景美人權園區

范琪斐與陳欽生在景美人權園區軍事法庭

范琪斐與陳欽生在景美人權園區牢房區

陳欽生　那邊走走，走到那個地方去……。我是被他們拖著走的啦，我自己是會不知道怎麼走。這個是原來的法庭的樣子。

范琪斐　同個樣子，可是地點不在這個地方？

陳欽生　地點不是在這個地方，地點原來是在隔壁。

站在當年軍事法庭的小房間裡，我問生哥還記不記得當時的情景。

陳欽生　進到這個地方來的時候，站在這個地方，就只會聽到自己心臟跳動的聲音，然後腦子空空蕩蕩的，甚至連左右一些聲音，你都幾乎都聽不到，就是這樣的一個狀況，反正是一種眞的……非常……我不知道怎麼講啦，讓人很絕望、人生已經沒有任何希望的那種狀況，才站在這個地方，低著頭也不敢面對法官。

相較蔡寬裕這種自認有反抗思想的政治犯，陳欽生則是完全相反，他到今天不知道自己做了什麼、說了什麼，就這麼莫名其妙的被抓了。

范琪斐　你那個案子，當初到底是爲什麼把你關起來的？

陳欽生　其實我到今天爲止，我還找不到眞正的原因。我當時從馬來西亞來台灣的時候我才不過十八歲。我來台灣唯一的目的就是讀書而已嘛！我帶著我母親的希望來到台灣讀書，而且我對政治沒有任何的興趣。當時來到這個土地也是偶然的機會來的。我本來就不是要來台灣這個土地上的，如果我知道台灣那個時候的狀況，我肯定不可能來到台灣，我是因爲受了一個同班同學的那個邀請，我才跟他一起到台灣來讀書。

來到台灣讀書，其實我第一年，在台灣過的生活是非常痛苦的。因爲我中文眞的非常的糟糕；那個時候，我的中文程度等同是台灣小學四年級的程度而已啦，看得懂、可以聽得懂，可以看、瞭解一些，就這樣子而已。所以我到了成功大學去讀書的時候，就是因爲這樣子，我必須要有更多的時間，有一個比較好的環境去看書，所以我就到了台南美國新聞處看書嘛，我大部分時間都在台南美國新聞處去看書，就因爲這個樣子，台南美國新聞處的爆炸案。我不知道爲什麼那爆炸案會牽涉到我？我到今天我都不知道。

一九七〇年，生哥剛升上大三，台灣發生了「台南美國新聞處爆炸案」，接著又發生了「台北美國花旗銀行爆炸案」。當時台灣面臨退出聯合國，跟美國、馬來西亞等多國邦交關係都很緊張的時候。生哥在隔年三月，被調查員抓到台北刑求逼供，咬他犯下「台南美國新聞處爆炸案」；雖然後來公布調查結果，是李敖、謝聰敏、魏廷朝他們犯下的，但陳欽生又被栽贓，是馬來西亞共產黨，被求處死刑。

陳欽生

我的起訴書是根據他們的《懲治叛亂條例》的二條一唯一死刑起訴，當我聽到唯一死刑的時候，我眞的……我沒辦法承受。我本來是跟他這樣站著聊天，我就坐到地上，整個情緒開始，又產生很大的變化，就說，怎麼可能，怎麼可能，我根據他們要求去寫下不實在的那個內容，竟然可以用這種方式來起訴我，這什麼世界？

接下來那段期間，就是非常的難熬啦！只要是坐下來、空下來，腦子裡面總是不斷不斷地出現那種陰影，非常恐怖的……那個現象，就是被拖出去槍斃、被抓出去砍頭，那個不斷地控制著我。那段日子眞的，我沒有瘋掉已經算是不錯了。

我就常常都會躲在那個角落裡面，不跟人家講話，反正就躲在那，不管人家跟我怎麼說，我都不會講話。吃飯我會去吃，吃的話大概是囫圇吞棗，隨便吞吞嚼嚼就走了。但是我到今天爲止，我在牢裡，在那個地方一年半的時間，**唯一有一件事情，我永遠想不起來。我在牢裡面，到底有沒有換衣服，我到底有沒有洗澡？**

因爲我被抓進來的時候，我台灣沒有任何朋友，沒有人寄任何東西給我，我也沒有換洗的衣服啊！唯一的衣服是在調查局離開的時候，他給我的那一套換洗的乾淨的衣服而已啊！我今天眞的想不起來，我到底在裡面有沒有洗澡、有沒有換衣服？到今天爲止喔，我洗澡是怎麼洗的，我的毛巾掛在哪裡？我的衣服曬在哪裡？我是用什麼的肥皂洗澡？永遠，一直想不起來。不是我而已喔！還有很多人也都是想不起來。

范琪斐與陳欽生在景美人權園區那間關過他的牢房

消息傳出後，家屬及馬來西亞政府為他奔波營救，最後判了有期徒刑十二年。

〔出獄後走投無路，若沒遇到廟公開導，可能在仇恨中犯下謀殺〕

生哥在一九八三年三月出獄，因為台灣政府不讓他回馬來西亞，也不給身分證，他沒有辦法找工作；甚至為了怕他亂講話，連好不容易申請到加拿大的難民證，政府也不准他出境。生哥無處可去，只好流浪街頭，不時還會被特務騷擾，常常在餿水桶裡面找東西吃，心中非常的怨恨。就在這時候，他無意間，看見一個當初刑求他的人。

陳欽生　他肯定認不得我啦！我肯定認得他。因爲他是組長，他那個時候在刑求當中，在調查局兩個禮拜的時間裡面，他出現次數最多。打我最慘的也是他，把我吊起來打的也是他，用針刺我的手指的也是他。所以我記得他，我說這個人是化了骨灰我都會認得的人。所以我就開始在計畫啊！怎麼怎麼，跟蹤他啊！有的沒的，就在那邊看他上車啊下車啊！時間，紀錄啊，什麼時候就去上班，什麼時候會下班。心裡面想，既然你們不讓我好過，我也不想讓你好過。其實我眞的很想做，那時候，眞的很想做。

范琪斐　做什麼？

陳欽生　就把他殺掉啊！就把他殺掉，然後自己也自戕啊這樣子。我眞的很想，那時候我眞的被逼得走投無路。家裡面的壓力，生活上的壓力，在台灣這個土地年紀漸長，沒有任何的前途，沒有任何人，前面看不到任何的光明。那個時候眞的是很心灰意冷的時候，眞的是很想，啊算了，人生就這麼回事而已啦！

范琪斐　你是認眞想要殺他？

陳欽生　我眞的是認眞，我眞的是很想殺他。

在那個組長居住的新店中央新村，生哥懷裡藏著一把水果刀，在路邊的一間小廟坐了一上午，準備下手。廟裡的廟公看生哥神情黯淡，過來和他說話。

陳欽生　他就問我，他就看我觀察我，我一早上就坐在那邊，坐到大概下午都沒去吃飯。他就問我：施主你是怎麼怎麼？我就跟他講這些事情。是因爲他，我就沒有執行。他主要只講一句話而已，他說：施主我也不勸你，你想想看，你當年在發生這些事情，在坐牢的時候，你心裡面最思念的是誰？你認爲在世界上最痛苦的人是誰？一定是媽媽嘛，因爲我沒有爸爸。他說，好，施主我再問你一個問題，**如果這個事情讓你成功了，你也把他殺了，你也離開了，世界上留下來的最痛苦的人是誰？很無疑完全是媽媽嘛！**因爲我對我母親已經帶著非常大的愧疚，非常對不起我母親，沒有讓她等到我回去光耀門楣，反而讓她一直操心這麼多年。如果眞的做這件事情的話，我是會眞的是會對不起她啦！

生哥在流浪期間，有一對父女常對他伸出援手，那個女兒後來就成了生哥的太太。在決定跟太太結婚的時候，他跟太太承諾，對過去的事絕口不提。

陳欽生　他小我十六歲，他又長得這麼的漂亮、這麼的可愛、這麼的溫柔。我就跟她講，我給你一個承諾，如果你跟我在一起的話，我少則一年，多則三年，我一定會給你一個交代，我不會再提過去任何的事情，我會把我的時間集中在家庭、集中在經濟上。因爲這個承諾，我在這結婚期間裡面，大概二十年左右，我一九八八年結婚，二〇〇八年、二〇〇七年就退休了嘛！在這段期間裡面，我確實是不談過去的事情。

范琪斐　完全不談？

陳欽生　完全不談，我把所有的東西都藏起來。

是一直到了二〇〇七年，一個致力於轉型正義的 NGO，不停的跟生哥聯絡，希望生哥把自己的故事說出來。本來生哥還是不肯，後來對方跟他說，不然這樣，你就到你原來受苦的地方走一走，就是這個全名為國家人權博物館白色恐怖景美紀念園區的景美看守所去看看。生哥真的就去了好幾次，但總是在外面繞圈，就是走不進來。

范琪斐：那時候已經隔了二十多年了？

陳欽生：對，隔了二十多年了，我眞的不敢進來。不敢進來的時候，我來的大概第二還是第三次的時候，忽然間我走過去的時候碰到一個老先生，就看他從裡面走出去嘛！碰到他的時候我就問：嘿，老先生你進去幹什麼？他說我去裡面講故事，我說你在講什麼故事？他說：講我的故事，是什麼樣的故事？他說，他是五〇年代的白色恐怖政治受難者。我說：我也是，我是七〇年代。我說：你講故事的感受如何？他說：**很值得，我也願意講，因爲我覺得，台灣很多很多年輕的朋友們想了解過去的事情而沒有管道**；在講故事的人也不多，來聽的人也不多。可是他每每從那個聽眾、聽者的身上看到他們的反應，你講完故事以後，他彼此之間那種關心、那種感覺，是非常非常值得他繼續講故事講下去的。

我就……沒有多久，一、兩個禮拜以後就受到通知說，這裡有一個活動，你不願意進來，講講你的故事給大小朋友們聽，都是大學生喔！我說：好啊！就這樣子，我就從那時候開始。其實那開始我眞的不知道講什麼，我眞的不知道講什麼，就是講簡單地說，美國新聞處被騙、被抓、被打就講講，就簡單講過去而已。

陳欽生

回景美人權園區講故事，召喚出被刑求、生不如死的身體記憶

其實當天講完這個故事以後，從那一天開始的晚上，大概有兩個多禮拜的時間，我是沒辦法睡覺的。真的是沒辦法睡著啦！我不是刻意不想睡覺，我躺下來也睡了，可是就會出現那種很不好的一種反應，就是會叫，會大喊大叫，就夢到那些痛苦的回憶，就會大叫。所以被我太太罵了好幾次，他說你答應我不講，你又出來講這故事。

生哥跟我說，在敘述故事的時候，身體會出現一些很奇怪的反應；比方他講到他當年被刑求的時候，有一個刑求的方法，是放一個大凳子在他身上，逼坐四十八小時；不能去上廁所，不能吃東西，也不能睡覺。他在二十多年之後，敘述這段情節的時候，當時身體感受到的極端痛苦，像是很想上廁所、很飢餓、很想睡覺的感覺都會回來；他甚至會聞到一股味道。

范琪斐　身上是什麼味道？

陳欽生　大小便的味道啊！不能上廁所啊！不能上廁所啊，大小便都會在身上。

什麼樣的折磨，可以讓二十多年前的事，身體仍記得一清二楚？我忍不住要想，也許生哥的太太是對的，也許有些傷痛，就不要再提了吧，何苦呢？但生哥說，他敘述這些往事的時候，承受的痛苦他覺得很值得；一來，他說的愈多，他的身體反應已經愈來愈少；更重要的，是因

為那些聽故事的孩子的反應，讓他受到很大的鼓勵。

范琪斐　孩子什麼反應？

陳欽生　他們很渴望知道過去的事情，「啊！原來是這樣」。最重要的是說，**你的故事、你們的故事，我們會記在心裡面，我們會跟我們的朋友好好的講**；去跟更多人講，跟更多人聊起，過去你們所在這塊土地上所遭遇到的事情。他們也都了解到，其實會來參與這活動的，大致上都有些些感受的吧！

尤其是我第一次參加綠島營隊的時候，那批學生跟前面那群學生的反應又完全不一樣的喔！那群學生完全是個白紙；當我們一起過去綠島的時候，他們不把我們這些所謂的長者當作一回事。因爲他們上面寫的是「青年戰鬥營」，青年戰鬥營爲什麼會有老先生跟他們過去？他們不知道時會有這種反應。但是三天兩夜結束以後，他們在發表他們心得報告的時候，你可以很清楚地看得出來，他們去跟回來那天，他們的表現可以說是三百六十度的改變。去的時候，他們對我們講是，懷疑我們這些人來到底幹什麼的；回來的時候，他們把我當他們的寶貝一樣的，又哭又喊又抱的那種。到今天爲止，他們還是會跟我保持聯繫。這些人在社會上已經在做事，但是他還是會給你保持聯繫。第二就是說，這段期間，十年來的這種經歷，讓我覺得是，我出來講故事是很有價值、值得的。

范琪斐　刑求那時候的感覺還會在。你覺得有沒有辦法完全走出來，這是有可能的嗎？

陳欽生

嗯……我覺得是不可能，對我來講是不可能。……以前我曾經這樣子想，現在我的想法不一樣，我如果是忘記我所承受的痛苦，是背叛了我自己。我必須把這個東西融入我自己本身；它是我身體的一部分。我不可能忘記的東西。忘了就是背叛了，你背叛了你曾經受了這麼大的苦，你曾經也恨過這個世界；恨過這些人，因爲你身體上也曾經遭受到這種莫名其妙的，來自他人的一些痛苦。你忘了它，是不是背叛了你自己？我覺得我應該把它融入在我自己的身體裡面；**我時時刻刻都記得，我曾經遭受過什麼樣的痛苦**，但是，不要因爲它而影響到你的日常生活就好了。我覺得這個是很重要的，對我來講是很重要的。

到今天，還困擾著我的就是那個所謂的吊刑；他把我的腳綁著，把手綁在後面，把我吊起來；吊著腳，頭在下面，然後用那個濕的抹布摀著我的嘴巴，然後用有壓力的、把那個水，鹹的，把那個水，灌進去。就像被溺水的那種狀況，你沒辦法呼吸，那個喉嚨好像要爆炸了。可是你會感覺到你的鼻子、耳朵和眼睛裡面好像有什麼東西流出來。其實是有的。那種很鹹的水讓你非常的不舒服，所以我到今天爲止，已經度過五十幾年的痛苦日子，就是我的眼睛、耳朵、鼻子都不好。我的眼睛裡面永遠都是濕濕的東西；永遠沒有辦法來治癒，二〇一二年以後我才去看醫生，不可能治癒了！鼻子一邊是不通的，已經是堵住的一邊；耳朵也是一樣，常常會耳鳴，那東西會流出來，就是這樣，已經痛苦一輩子。其他的針刺那些，大小便等等都是小事情；那是身外的事情，這個才是造成我最大的困擾的一個刑求。

好好活著，就有機會讓更多年輕孩子知道並了解這段歷史

我問生哥，會不會想知道當年，為什麼這些可怕的事會發生在他身上？誰是那個罪魁禍首？生哥的回答讓我有些意外；他說：為什麼？是誰做的？對他已經不重要了。

陳欽生

你知道了又怎麼樣？你能夠回到從前嗎？不可能嘛！以前我是想知道，爲什麼我莫名其妙的就被抓，我很想知道！可是今天我會說，有緣，我知道也算了；沒緣，不知道也無所謂。

今天我所想要做的事情就是，希望藉助我的、還活著，能夠讓更多的年輕、或是國外的朋友們，或是願意了解過去這段歷史的人去了解到，國民黨政府退守到台灣來那段時間所發生的事情。希望這些事情不要在任何一個時代裡面重新發生。我只是希望，孩子們能夠在這塊土地上活得愈來愈好，這樣子而已。我們的目的、出發點就在這個地方。我是覺得，我變成是說，我今天站在這個地方，我覺得我很榮幸，我也很有這個，我自己個人感覺我也很有價值，至少我可以讓很多很多的同胞們了解到過去所發生的事情。如果我們都不在了，透過書本透過文獻，那個眞實感已經沒有了。

所以我覺得我活著的時候，應該利用我每一分每一秒，出來見證，過去發生在台灣這片土地上的事情。雖然我不是台灣人，但是我甚至愛台灣這塊土地，因爲我走遍

了幾十個國家以後，還想回到台灣，甚至我愛台灣，比我愛馬來西亞還要多。

范琪斐　經過這麼大一圈以後，你這個話不容易啊！

陳欽生　確確實實是這樣的，我心裡就是這樣。因爲我憑良心講，台灣人對我眞的很好啦！我在一九八八年結婚以後，我的人生就從那時候從結婚、拿到身分證以後，我的人生眞的是活得很平平的這樣子上來，後來我也過了一、二十年非常幸福的日子啦！人生也足夠了。**現在所做的，就是希望我的一點微薄力量能夠回饋這塊土地**。我唯一希望的就是，不要在我還活著的時候，看到台灣有任何的災難再發生，這樣子而已啦！

范琪斐　很多人會講正義，受害者的正義。**什麼叫正義？什麼叫正義？你可以解釋嗎？**

陳欽生　你站在被害者身上，他有他所說的正義；你站在加害者身上，他也認爲有正義啊！什麼是正義？今天我對正義這兩個字，是很不認同。所謂正反兩面，什麼叫做正？什麼叫做反？能夠給我一個定義嗎？我站在我的立場，我認爲這是正的、是好的；可是站在你的，對換之後，你會認爲你所堅持的是正的、是好的呀！何所謂正，何所謂反？我不認爲有任何的意義啦！意義就是人活著，活著心安理得，能夠開開心心地活著，活在你的那個空間裡面，那就是好的事情啦！不需要談那些太過理論化的事情，那是絕對沒有任何意義，對我來講是沒有任何意義的。我家庭活得很開心，我工作地點我工作得很開心，我出去，我能夠得到我想要的東西，那就是在我認爲是正面的。這就是所謂正，所謂的良，我的解說是這樣子。

范琪斐　很多人會覺得，就是加害的人要被懲罰，這才叫做正義啊！

陳欽生　站在我們這個立場說，是沒有錯啊！我們認爲是這樣子啊！可是在加害者那邊是這樣子嗎？他認爲他的做的事是對的。如果他們不做的話，中華民國就沒有今天啊！他也是有一套的說法啊！所以你們做了這件事情，不管我們有沒有做，這些你有沒有做，你們是想推翻中華民國啊！所以站在他們的立場，他們認爲是對的啊！是不是這樣子？所以很難啦！你說那個所謂的正義，站在不同的立場、不同的角度去看，就是沒有意義的東西啦！我認爲是沒必要，沒有意義啦！冤冤相報何時了！**只要不再發生這件事情，就是個非常非常大的福報了啦！是不是這樣子？**

是很大的福報。但我不知道我們做不做得到。十多年前，我跟我跟我的老公蘿蔔頭到歐洲去旅遊，其中一個點，就是當初德國納粹關押並且屠殺了幾十萬猶太人的集中營。我本來很抱怨蘿蔔頭，度假是為了放鬆，為什麼要來這樣一個讓人渾身不舒服的地方？但我去了之後，我在一個空蕩蕩的房間裡哭到無法呼吸。這是一個用來殺人的毒氣室，一天可以殺幾千人。我當時想，我們每一個人，都應該來看看，因為這樣的事情不可以再發生了。

但即使是戰後，對戰時的屠殺行為做了最多的省思的德國，仍然每隔十幾二十年，極右的納粹勢力就會竄起一次。他們也是說，屠殺猶太人，這是老掉牙的事了，可不可以不要再提了？最近的新聞，我看到歐洲的反猶太思維又開始了。我們人類為什麼會對過去犯下的錯誤，這麼容易忘記？也許就是因為這樣，所以我們需要一再的提醒自己：你看，那個時候發生了這個事，讓我們不要，再走到同一條路上了吧！

故事・七

白色恐怖：誰是受害者？

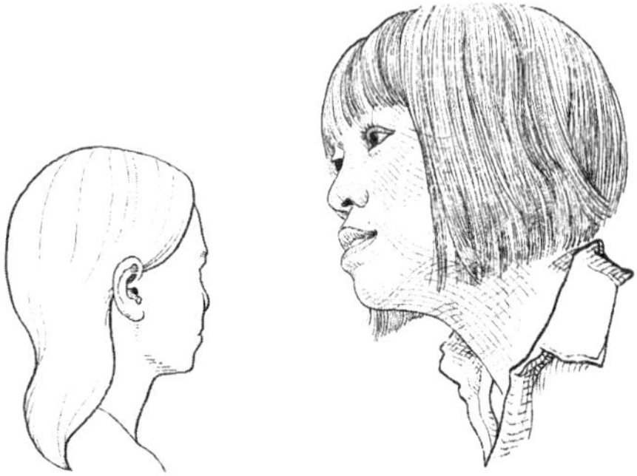

英文有個說法，叫「collateral damage」，附帶傷害。這個用語最早是出現在六〇年代的越戰，指的是美軍當時在打擊越共軍事行動，造成了許多平民傷亡。這些平民雖然不是目標，但還是死了，國際間就把他們稱為「附帶傷害」，後來這個用語被擴大使用，用來形容明明什麼都沒做，但只是因為運氣不好，就成了受害者的人。這次《說故事的人》要訪問的陳慧瑛，就是個附帶傷害。

她的父親是白色恐怖的受難者，台大畢業，六〇年代參與黨外的民主運動，三十二歲被被捕入獄，刑求逼供、判刑八年；他不服，認為憑自己的聰明才智一定可以贏得上訴，結果上訴之後加重刑期兩年，四十一歲出獄、結婚，生了陳慧瑛跟弟弟。

慧瑛六歲的時候父母就離婚了，父親不准她跟母親往來。從小慧瑛就覺得父親怪怪的，經常極度不安、疑心病很重；即使出獄多年了，仍然懷疑被監控，對親人也無法信任，每通電話都要錄音，對子女的生活也同樣嚴密監控。對小時候的慧瑛來說，爸爸把警總帶到家裡來了。

慧瑛說話輕輕柔柔的，有一點藝術家的氣質。她來到錄音室的時候有男朋友陪著，受訪者有人陪同是很尋常的事。我們通常會安排坐在錄音區外的沙發上，因為我們一訪常常好幾個小時，我怕陪同的人會坐不住；但慧瑛要求讓男友坐在她身邊，我有些意外，但也覺得沒什麼不可以。工作人員給兩位都倒了水，訪談便開始了。

遭遇白色恐怖的菁英父親，出獄後罹患被害妄想、不再信任任何人

范琪斐　妳覺得他跟一般的爸爸不一樣的地方，就是說妳同學的爸爸，不一樣的地方在哪裡？你小時候在看他的時候。

陳慧瑛　我覺得小時候最大的困惑應該是他沒有工作，因爲他從離開我們老家、第一個老家，就沒有再繼續工作了。那原本在那個老家，他是做碾米工廠，所以他就是老闆這樣，然後離開那裡之後，他就沒有再找工作。他總是會說他在找工作，或是他要工作，或者是沒有人要他，或者是，沒有人看到他的才華，他明明就是台大畢業的這樣。他總是會唸著這些事，可是他還是不會去工作，還是沒有試著應徵。所以最大的不一樣，應該是沒有工作這件事。

范琪斐　他大部分時候都待在家裡？

范琪斐、陳慧瑛與慧瑛的男友

陳慧瑛　對對對。

范琪斐　跟你們的相處時間應該很長啊？

陳慧瑛　很長，但是他不會眞的在我們身邊陪我們啊！

范琪斐　他不跟你們說話的？就是不跟你們玩嗎？還是？

陳慧瑛　如果我們去吵他，或是去跟他講話，他可能就會說，我們這樣子吵他會害死全家。

范琪斐　我聽不大懂，爲什麼吵他會害死全家？

陳慧瑛　因爲我們家是，只要有人打電話進來，他就會錄音，他就會覺得某一些電話很重要，它可能代表了誰在監控他，或者是什麼狀況，然後他就會把它一遍又一遍地從這一片錄音帶錄到另外一片錄音帶這樣，或者是一遍又一遍的，在他的訴狀上面劃重點，找資料、劃重點；或是看很多很多份報紙，看時事什麼的，那些東西都對他來說都很重要，就是他在努力地洗刷他的冤屈。然後我不能打擾這件事情，那是他很重要的工作。

范琪斐　對他來講很重要。

陳慧瑛　對對對。他也會跟我們講，就是會跟我們講很多這個事情，可是我們當然都聽不懂。因爲我是他第一個孩子，所以他基本上都會跟我說，然後會把一些證據或是一些資料攤在我身邊跟我說，這些事情是誰哪裡做錯事，法官哪裡沒看懂，或者是親戚怎麼樣，他都覺得我看得懂，或是我有看懂他的意思。我就是負責聽，可是我其實很不想聽這樣。

范琪斐　爲什麼不想聽？

陳慧瑛　因爲很累啊！總是在重複那一些，他在意的事情，比如說誰偷了他印鑑，或是誰在哪一個細節上面僞造文書，或是誰在什麼時候做了什麼事情，大概就是重複這一些東西。嗯……，覺得他很痛苦。

比方說，他每天出門都要花很多時間鎖門，鎖各種東西，比如說房間的某一些櫃子，或者是某一些文件夾，他必須要重複地綁塑膠袋綁得很緊、把它放好，還有就是，晚上睡前會花一、兩個小時的時間鎖門窗跟瓦斯；然後，我們其實也都不能拿鑰匙，因爲……我們沒辦法自己上下學，沒辦法出門玩，鑰匙都在他身上，所以我們沒有家裡的鑰匙，然後也不能出去。

范琪斐　OK，所以爸爸就管著那個鑰匙，也就是你們要出門，是要爸爸幫你開門？

陳慧瑛　可以這麼說，就是我們會一起行動，不太會分開；到國中開始要會自己去上學，就沒有再這樣。

范琪斐　妳有沒有問過他，爲什麼不給妳們鑰匙？

陳慧瑛　我小時候應該有，但是結論應該還是一樣。就是他大概就會說：「這樣子不好，這樣不對，這樣會害死全家」什麼的，就是有人在看、有人在監視、然後有人在竊聽之類的，他還是會這樣說。其實搞不好有啦！搞不好在我七、八歲之前眞的有，因爲那時候就還沒結束嘛！其實監控還是持續了一段時間，但是我那時候，就一直沒有理解這是什麼意思，所以這就只是，被我放在一種聽不懂他在講什麼的那個感覺。可能吧，可能是這樣。對，他給我釋放一種訊息就是**外面很危險，反正就是很危險**，就是不要問，很危險這樣。

范琪斐　所以妳們哪裡都不能去？

陳慧瑛　對對對。啊，我們也不能去畢業旅行，也不能去校外教學，都不行。

范琪斐　那到國中，妳現在比較大啦，偶爾如果說出去跟同學玩晚一點可以嗎？

陳慧瑛　會被罵。

范琪斐　事先跟他講也不行嗎？

陳慧瑛　不行，事先就會更慘了。因爲他就不會……就會跟你吵架。

范琪斐　他的理由是什麼？

陳慧瑛　他沒有很認眞地講一些理由，或是特別講什麼理由，但我可以看出他非常害怕。他很緊張、很害怕，然後會說我們這種行爲都是要害了全家，一直到長大我當然知道，這跟他過去長期被監控有關嘛！還有他被抓的那個過程有關；但是在那個時候我只是覺得，他是一個嚴格的爸爸這樣，嚴格的大人。

把獄中刑求的創傷，置換成對孩子媽媽的抹黑

爸爸非常的嚴格，姐弟倆也不能找媽媽訴苦；在慧瑛六歲的時候，兩人就離婚了。在爸爸的口中，媽媽是十惡不赦的壞人，所以不准他們跟媽媽聯絡。

陳慧瑛　他們在結婚、生孩子之後，爸爸其實……顯露出一些被害妄想，覺得別人在我們的餐裡面下毒那一類的東西，然後，慢慢家裡的生意愈來愈差的時候，媽媽想要出去工作。對爸爸來說，這是一件很丟臉的事情，就是他沒有成就。所以他就會很生氣地阻止媽媽，可是媽媽是一個從小就自己養活自己的人，所以她對這件事也很不諒解。所以我爸就開始羅織一些媽媽的罪狀說，她就是要來打我們、要來殺我們、要來害我們。她拿菜刀要來殺我們，她揍了爸爸什麼之類的。就會在我身上灌輸這些這些回憶，但我媽媽都說沒有這些事情。可是，我的確有一個印象是好像有被揍、有被打，然後有一些很可怕的事情這樣。他大概會在我們身上灌輸這些事情，但是到了長大，但我現在回頭看……。

范琪斐　我再確定一下，所以這些事情有沒有發生？是你不記得，還是說？

陳慧瑛　我相信是沒有啦！就是比方說，他會說媽媽拿針刺我們下體啊！但是我小時候就覺得不可能，可是我腦袋裡面的確有這種印象，媽媽當然就說不可能，我幹嘛要做這件事？還有像是爸爸會說，媽媽有一次揍他，跟他吵架的時候揍他的臉這樣，讓他整個牙齒都掉光。可是我小時候就覺得不太可能是這個樣子，怎麼可能這麼大力嘛？但是他的確有假牙，的確滿口都是假牙。我後來回頭再去想，就是除了那個記憶可能是假的記憶以外，**因爲爸爸常常在講，可能就變成了一個眞的記憶在腦袋裡；可是除了這樣以外，我覺得他說的那一些畫面，其實是刑求的畫面**。

范琪斐　爸爸以前被刑求的畫面。

陳慧瑛　對啊！其實應該是他被刑求的畫面，只是他拿來講成，就是媽媽做的事情。到很後來長大之後，他有稍微跟我講一下刑求過程，大致上，就是很有名的那幾個刑求，包含就是，除了拳打腳踢的揍你以外，還有就是，去弄你的下體，可能是辣椒水去弄或是去揍他、或是去電他之類的，這些東西都是眞的嘛！那我自己是覺得，應該是這個東西被他置換到我的記憶，就是他故意這樣說。

由於爸爸的一再禁止，慧瑛是一直到了高中才跟媽媽重新聯絡上；這是在一個熱心的老師鼓勵之下所做的嘗試。

陳慧瑛　在高中之前，我的確有一段時間，也是跟爸爸講的一樣，相信她是個壞人；雖然半信半疑，但是好像不得不這麼想。然後爸爸那時候就是，不准我們見面嘛，那媽媽就是每一次我們換學校，她都會跟老師保持聯繫，然後跟老師 check 我的狀況。她也會來看我們，也會寫信來，一直保持一種……讓我覺得說，萬一發生有什麼事情，我是有人可以找的這樣，因爲那時候爸爸不跟任何親戚聯繫嘛！所以我的世界就只有爸爸跟弟弟。除了上課以外的時間，跟學校也是斷裂的嘛！所以就只有爸爸，所以就沒有跟媽媽聯繫，然後一直到長大，到高中的時候才跟她聯絡，是因爲我繳不出班費。那個時候的導師就說，那妳要不要跟媽媽聯繫？因爲反正你就跟她拿個錢啊，也不會怎麼樣，就大概從那個時候才開始正式跟她聯絡，然後的確媽媽就跟她的朋友有跟我見到面。我記得我就是很混亂，因爲我就會覺得，我好像背叛了家裡，可是我又覺得……。

范琪斐　妳說的家裡，是指背叛了爸爸。

陳慧瑛　對，爸爸跟弟弟，可是我又覺得，這件事情它有那麼嚴重嗎？但是我有感覺到，老師跟媽媽那時候是有一種善意。可是我又很害怕，所以大概那一天有哭著罵媽媽，就是她來的時候，有跟她接觸到，有哭著罵她或是哭著說一些什麼，但是他們就跟我說回家之後，就不要跟爸爸說嘛！回家之後就不敢隱瞞，後來還是說了，說了之後就被罵，然後在那之後，就再也不敢跟媽媽有一些什麼接觸，就跟老師說，我不要再跟她見面。

人在青少年時期，因為荷爾蒙的變化吧？常常會有很多情緒的問題要處理，其中一個就是孤獨感。但在慧瑛的情況，這個孤獨感比一般人要嚴重許多。因為父親把她跟外界所有的關係幾乎都切斷了。唯一在身邊的父親，又常常活在自己的世界裡。

范琪斐　什麼時你開始候覺得自己不大對勁？

陳慧瑛　國中會有一些傷害自己的行爲，開始覺得自己好像怪怪的，但是沒有很明確。因爲那時候只是覺得孤單跟憂鬱，但是還是有朋友。高中的時候，被排擠的時候比較明顯；那時候的感覺很強烈，就是有憂鬱、有焦慮、有憤怒這樣子。可是因爲那時候媽媽有帶我去心靈成長團體，所以一切會有一個想像是，我如果再努力照顧自己，可能就可以好起來，然後大學進到人本去帶小孩之後，開始發現說有些疾病，因爲他們覺得我想事情很跳，所以我的朋友們開始懷疑我是不是ADD，就是注意力缺失這樣。我才開始覺得說，有可能有一些天生的東西在我腦中這樣子。嗯，那時候同時也在關注爸爸的腦部狀況，就是覺得他可能生病，那大概是什麼疾病啦！已經有開始在做功課，所以就開始懷疑自己是不是也是。大概是這樣慢慢開始覺得，應該要找醫生幫忙這樣子。

大學後獨立生活，卻仍揹著父親的痛苦記憶

慧瑛後來透過諮商，慢慢的想辦法自己療癒自己。她發現畫畫跟閱讀對她很有幫助，好像可以躲到另一個世界裡。到了上大學時，她想要搬離家裡，爸爸這一次居然同意了，說大學時自由自在的獨立生活，是他人生最美好的時刻，希望慧瑛也能有這樣的經驗。於是慧瑛沒有再跟父親住在一起，就這樣過了十多年了。現在跟爸爸的關係，慧瑛自己認為還不錯，但回家見父親對慧瑛來講，仍是件非常辛苦的事。

陳慧瑛　其實我們一直都還不錯，從小都是這樣，只是我不喜歡被綁住。那長大之後，他沒有再綁我，那我也慢慢了解他的狀況之後，我們的關係也都很好。這是溝通上的部

分，**可是我沒辦法靠近他，我沒有辦法回家，因爲我會很難受，會沒有辦法呼吸，**所以我就沒有辦法回家，甚至回家看他都很痛苦這樣。就是所有的感覺都會……很像排山倒海地淹沒我，可是，你要眞的說到底是怕什麼事情，或是什麼情況讓我很害怕？可能就是，過去累積了那麼多東西，他只要有一點點變化，只要有一點點反應，我就會很難受。像前陣子我們一起出去玩的時候，我們一起在車上看著我們就是以前的老家。他就說：「那個不是我們家。」然後光是他這樣子講兩次重複的話，我就快受不了了，我就覺得：「你夠了，不要再講話了，爲什麼一直都不相信我？」喔對，就是那種不被相信的感覺。還有就是，推他的輪椅推出去，走在他覺得比較危險的地方時，他會很焦慮；他會用盡全身的力氣想要阻止我們再繼續推他。然後那個時候我也會很生氣。大概是那種時刻的經驗，就是我看旁邊的人，就是我身邊那些一起出去玩的，他們都覺得還好，就慢慢跟他溝通，可是我已經受不了了。一點點事情就會讓我很不舒服，他一點點比較焦慮或是不安的反應，我都會很難受。

范琪斐　其實不容易了。因爲妳其實也是被傷害的一個人，我覺得妳已經很去試圖理解妳爸爸了。就是從一個被傷害的人，妳爸爸其實算是傷害妳的人。

陳慧瑛　對啊！是。

范琪斐　妳去理解他這個事情，妳怎麼樣做到的？

陳慧瑛　嗯……，也許應該是說，**我更希望的不是只是去理解他，而是我可以比較分得清楚我跟他是兩個人**。因爲從小實在聽太多他的事情，**我從小就是一個照顧者的角色，**

一直把他揹在身上，我們其實有點難分開。但是如果是這樣子，我覺得我就會不知道我是誰，可是我現在漸漸地覺得，我應該要跟他……更清楚地分開我們兩個人，就我不是代替他去感覺罪惡，或是代替他去承受孤單，因爲我有幫他承受了太多這個東西。所以對我來說，**去理解他可能也是爲了要釐清我承受的什麼東西是過多的，然後我要怎麼分開我們兩個人，讓我們兩個變成獨立的人這樣**。

范琪斐　這個，最困難的地方在哪裡，就在這個過程裡面？

陳慧瑛　最困難的地方……我覺得，可能就是因爲我一直都很沒有……去區分過這件事情，所以到這幾年開始慢慢意識到，有些東西是屬於他的痛苦，我沒有辦法幫他承擔的時候，就是發現那些黏在一起的東西已經混淆了，就是從小我跟他被綁在一起，那個混合在一起的東西，已經沒有辦法清楚地區分，所以那個困難可能在於辨識它；**辨識我們兩個之間，哪一些是屬於我的感受，哪一些是屬於他的人生**。可是我一想到我要放掉他的人生，我就會覺得很難受，好像我就是說出，我跟你是不同人；你的人生是你的人生，然後你就是這麼、這麼悲傷的人生，我沒有辦法。**我好像說出這樣的話的時候，就會讓我覺得我丟下他；好像是割掉身上的某一個部分，很痛，然後很殘忍，可是明明那就眞的不是我**。

范琪斐　現在還揹著嘛！我覺得你到現在還揹著嘛，那怎麼辦呢？

陳慧瑛　好像也不能怎麼辦，就是慢慢的，在每一次發生，跟他發生的一些事……，因爲我覺得接下來他就是步入晚年，應該說他就在晚年裡，他會經歷各種身體上的受苦，會有各種沒有辦法再控制，但他又想要在那個沒有辦法控制裡面，抓回一點控制的感覺。然後在這些他想要掌控，我知道他已經沒有辦法控制當中，我要跟他溝通他想要控制的部分。比方說，他堅持不做什麼治療的時候，我會不舒服，或是我會覺得爲難之類的時候會遇到很多衝突；那個衝突的過程裡面，我就會一直不停地要再回到過去那種很難受的情境跟那個害怕裡面。我也不曉得要怎麼說那種感覺，就是在那個過程裡面，因爲情緒都在那個時候才出來，才會有機會去理清楚這樣，或是各種跟人的關係，或是工作上的事情也會遇到一些情緒，那個都會有關係嘛！就慢慢去理清楚。可是我也知道大概，**就算爸爸今天離開這個世界，這還是會是我一個議題，搞不好就會一直到死爲止，都會有這個議題**。就像他們到死爲止，可能都會必須要面對刑求，或者是監控帶來的那些害怕。我覺得那個東西，在死前的孤單，應該就像我要去承受那個感覺一樣。

我這時候才理解，為什麼慧瑛在接受訪問的時候，需要男友的陪伴。因為分享這樣的故事對慧瑛來講是件很辛苦的事。能不辛苦嗎？連我這個聽的人，都覺得好辛苦。

范琪斐　我可以問妳，妳爲什麼，願意跟我們分享這些故事？

陳慧瑛　因爲我覺得以前那個受苦，就是在家裡受苦，就只有一個人，或是只有我跟弟弟的那種受苦的感覺，太強烈、太難受、太孤單了。因爲我後來知道很多的受難者家庭，他們也都是這樣在過生活。大家都在一種很莫名的恐懼裡面生活跟長大；我也認識一些受難者的家庭。我想要受難者的家人們可以知道說，至少我是願意和你們一起這樣，我想要大家不要那麼孤單，然後我也想要大家可以知道，有一群人，他身上就帶著這個歷史，就是像受難者前輩或者是家庭，**這些痛苦不是他們本來就應該要承受的事情，它是一個國家的迫害；這些迫害影響了身心的狀況，應該是要被特別照顧跟看見和體諒的**。所以，我想要透過一些就是在助人工作上，對政治暴力創傷的努力，還有我分享我自己的事情，去讓更多……因爲我知道作見證的人很少，雖然有這麼多、這麼多人出來說話，但實際上能說的還是很少。大部分人都不說，也說不出來，也沒有辦法說，那我想要在我的能力範圍裡面說一些，可能我們很像的那些經歷，把一些看不見的痛苦是可以告訴，不懂的人，我是這樣期待啦！

范琪斐　妳剛剛說，把這些看不到的傷害給那些看不懂的人，爲什麼這件事很重要？

陳慧瑛　可能對我目前的我來說，那個重要只是在於，我想要……孤單的人不要那麼孤單。**那我覺得，被理解跟被聆聽是不孤單的方法，可以讓人比較沒那麼孤單**。但前提是，你要就是這個聆聽的人，他要很清楚，或是說他至少要願意去了解這段歷史，因爲他不是那麼容易講出來。我發現很多家屬都是這樣。比方說，我今天在這邊錄一段，或是像我昨天接受其他的採訪，錄了一個早上，然後那個都是非常耗能的事情。下午就開始一直昏睡，狀況會不好；那個是需要付出代價的，因爲你會害怕把脆弱說出來；你會害怕這個說出來之後的自己會不會失控？因爲其實很常是失控的狀態，然後會像我現在這樣子，其實我覺得我自己說不清楚，沒有辦法把那個很痛苦的感覺說清楚；會很混亂、你也會很害怕，比方說如果有人聽了這些經歷他就會說，所以轉型正義眞的很重要，國家眞的欠你們一個交代，或者是，這些傷痛應該是怎麼樣怎麼樣這樣，我都覺得太快了。然後還有另外一種說法是，就是用很憐憫的方式看我，然後說，眞的很怎麼樣怎麼樣。我就會覺得，**那對我來說都還是一種太快要幫我想辦法；但是這不是一個，可以下結論的傷痛**。因爲它是……就像對我來說，我就會覺得，爸爸本來是一個……每次一想到都很難受，他本來是一個有前途的人，他法律系畢業之後是去當老師。**他是有很多熱情的人，他爲了他跟他朋友覺得可以爲民主做點什麼事情的時候，他們去做了一些努力；做這些事情是因爲自己認爲這才是對的，可是就這樣子被抓、被審訊、被刑求、被各種凌虐，他就壞掉了！**他就再也回不去那個很厲害的那個青年的樣子（泣）。所以我就是覺得很不甘心，這件事情應該要被大家記得。因爲除了那些檯面上很有名的政治人物，他們過去受到監控，就是有受過牢獄之災什麼之類的政治犯以外，還有很多、更多更多的人是就算他出來作見證，他晚上都在做惡夢的；這些東西是大家看不到的，而我覺得它應該要被記得，否則我們這些人就是很無辜地被犧牲。那我就很希望，像我現在就覺得，我講到這裡我已經不知道我在講什麼了。

范琪斐　我聽懂了（泣），我有聽懂啊！沒有聽不懂啊！

陳慧瑛　就可能覺得自己還是講得很亂。

范琪斐　一點都不亂。

慧瑛在訪談中常常會問我，我這樣講清楚嗎？她常常擔心自己是不是說得很混亂、跳東跳西。我一開始覺得可能是她的口頭禪，但到後來我終於明白，這是她傷痕的一部分；這是她父親的遭遇留給她的痕跡之一；這是她身為collateral damage，身為附帶傷害的證明之一。

我其實並不喜歡附帶傷害這樣的說法；「附帶」這兩個字，好像這是次要的，另外加上去的，是比較不重要的。但你在聽了慧瑛的故事之後，你會覺得，她所受到的傷害是次要的，是另外加上去的，是比較不重要的嗎？

故事・八

白色恐怖：療傷之路

我在美國的時候，訪過一位因為冤獄坐了二十多年牢的 Darrell。他打了很多年的官司，最後芝加哥警局承認錯誤，賠了他三百萬台幣。我問 Darrell，這樣的賠償夠不夠？Darrell 跟我說：「我的母親在我坐牢的時候死了，我的父親在我坐牢的時候死了，我的祖母死了，我的兒子因為心臟疾病死了，跟我年紀最近的兄弟也死了；都是在我坐牢的時候，這些都回不來了。」

跟我說些話的時候，當時已經出獄十年，六十多歲的 Darrell 泣不成聲。當時我就想，這樣的傷害要怎麼賠？你怎麼樣給這樣的傷害量化成一個金錢的數字？不要講錢好了，那這樣的傷痛要怎麼撫平？是有可能撫平的嗎？

這一次《說故事的人》製作了「白色恐怖三部曲」，我又有了同樣的疑問：在第一集我們訪問的蔡寬裕在獄中失去他的母親，他的家沒了。另一個受難者陳欽生，莫名其妙被關、被刑求十多年，後來背著政治犯的罪名，生活困苦到要在餿水桶裡面找東西吃；第二集我們訪了爸爸是政治受難者，因此自己也成為受難者的陳慧瑛；陳慧瑛孩童時期遭到的陰影，跟著她一直到現在都無法擺脫。

這一次「白色恐怖：療傷之路」要訪問的，是長期做創傷研究的學者彭仁郁。我想要知道，像這樣的傷痕是會好的嗎？是有可能彌補的嗎？我們這個社會要怎麼樣來看待，這樣一個歷史的傷痕呢？

彭仁郁是在法國念的博士，當時就是做創傷的相關研究。回台灣之後她到了中研院，本來想做慰安婦的創傷研究，但因為她回國的時候，慰安婦還在世的人數已經很少了，這個研究不得不擱置。但她後來一頭栽進政治受難者的創傷研究，還是因為三一八；當時有些承受警察暴力的年輕抗爭者出現創傷的狀態，她是到議場去了解這些年輕抗爭者的情況的時候，開始跟白色恐怖的受難前輩們有了接觸。

當受難／受害者說起遭受的傷，或許便構成對家國的背叛

彭仁郁　當然，在過去其實我當然是關切這個議題的，只是一直覺得說，哇這個太龐大了。我一個小小的心靈創傷的工作者，我怎麼有辦法去承擔歷史那麼大且沉重的議題呢？所以我不敢碰，但我就在旁邊一直觀察，也看很多資料這樣。但後來，因爲白色恐怖前輩，而且是五〇年代的白色恐怖前輩，意思是他們已經都八、九十歲了。當這個行政院的事情發生以後，他們自己跑到議場去，要鼓勵年輕人。然後我看到那個報導，當然後來我也想辦法進了議場，所以，就是因爲要去關心年輕人的關係，

彭仁郁

所以我看到，耶，居然白恐的前輩現身，對我來講是非常震撼的經驗；就是，你碰到眞眞實實的人他們在你面前，然後是那麼溫文儒雅的紳士，可是他們到現場來支持年輕人的時候，你就覺得好像年輕人把他們在五〇年代想要用各種形式抗爭，大部分是用思想啦，就是組讀書會這樣的形式，想要去改造這個政權的暴力性質的那種熱情；你會發現說，跟當代年輕人的熱情是非常類似的。

范琪斐　從你的研究來看，白色恐怖受難者所受到的創傷，跟一般我們在講的，其他型態的創傷，嗯……，你覺得它最大的不同在哪裡？它有沒有一個特質？

彭仁郁　最大的不同呢，其實眞的就是無處可申冤。比方像我在做家內性侵的時候，它有一點點類似就是說，家內性侵也是難被揭露的一個創傷，因爲加害的人是親人，那以至於他的創傷很難，它就像一個秘密一樣保守在這個家庭裡面。所以受創人就算想出去求援，但他在求援的過程當中他就已經背叛了他的家人。所以那個創傷很難被訴說。那政治暴力創傷跟這個有一點像，大家可以想像的就是二二八；一九四七年，比較大規模的抓捕是在一九五〇年代初期，一直到我們可以開始訴說二二八，已經是一九九〇年代了。換句話說經歷了半個世紀，將近半個世紀，這些倖存者跟家屬是沒有機會去訴說他們的創傷的。意思是，他們必須自己扛著這個巨大的不正義跟巨大的，失去親人的悲痛；經過那麼漫長的時間，他們到現在都還不相信其他的人，那以致於歷史學者很難接觸他們、NGO 的團體很難接觸他們；再加上呢，他們可能會有一些嚴重的精神症狀，因爲累積那麼久了，大家可以想像，你都不能夠講。**長達半世紀的這種壓迫跟恐懼的效應，人的精神狀態是會扭曲的**，這是很容易想像的，更何況他們不能跟別人講。他們不會跟外人講，因爲擔心自己或家人會繼續被迫害，那也不敢跟小孩講，因爲要保護家人，以致於的確累積了非常多的精神症狀，那他們到後來也許講話就變得很混亂。

范琪斐　爲什麼講話很混亂？

彭仁郁　我覺得我們現代的人很難想像，我們現在可以這樣暢談。但是那個時候的人，你隨便講一句話，都不知道它的效應會是什麼，以致於那個長期的恐懼呢，讓他們跟人的關係斷裂，甚至包括連跟自己的關係都要斷裂。**我連我半夜會不會說夢話，把我的眞實感受說出來，以致於會導致我的性命或是我家人的性命受到損害，我都要很害怕。所以連自己都要害怕**。所以那個是很深刻的斷裂。變得是說，我講話，每句話都要很小心，我有一個念頭的時候，自己都要先自我檢視、要自我審查；以致於我說出去的訊息呢，要檢查無數次才能夠說得出去。那大家可以想像，到後來，你說出去的、最安全的話語是什麼？一個是你沈默，可是你眞的要講話的時候呢，**你會開始用一種類似密碼的方法說話；沒有人聽得懂的時候，你就是最安全的**。所以以致於我們會觀察到有一些前輩呢，尤其是剛開始去見面的時候，他們當然一開始要告訴你的就是說：「我是冤枉的。」所以他們可能會拿出他們的判決書，反覆地跟你說一模一樣的事情，但是那個句子很破碎，所以去聆聽的人要很小心地把他的每句話先收起來。如果他愈來愈信任你的時候，他會多說一點點，然後你自己要想辦法拼湊出那個，他到底想要傳達的訊息是什麼。要去解碼，那大家都知道，去身心科、精神科，醫生沒有那麼多時間聽你好好地把話鋪陳完畢；更何況，如果你講話很破碎，像密碼一樣，他就會懷疑你是思覺失調，那我認識的不少前輩，或者是家屬，像二二八家屬也一樣，他們到後來就被診斷是思覺失調，早期是精神分裂，後來是思覺失調。[1]那一旦你開始有這樣子的病名跟著你的時候，你說出來的每一句話，都會被解釋成它就是一個病症的結果，沒有人會相信，這個破碎的話語是指向一個歷史的眞實。

白色恐怖後遺症——思覺失調、強迫症、代間創傷等難以平復

仁郁的話，讓我深深地嘆息。一個人冤屈被關了十幾二十年，老來還要被當作精神有問題；他們受到的傷害，到底什麼時候可以走到盡頭？但讓我最最難受的，是這個傷害還要傳到下一代。

1　思覺失調（schizophrenia）主要以思考能力和知覺功能的失調相關，是一種以許多不同形式表現出的腦部疾病，可能由心理壓力、環境、基因遺傳、物質濫用或社會的原因所導致；個案通常伴隨慢性、反覆的精神症狀；過去「精神分裂症」的舊稱，常導致病友遭到誤解。

彭仁郁　我現在，心裡面有一個想到的個案呢，我叫他C伯伯好了。C伯伯會有些狀態，就有點像是強迫症；[2]像他晚上就是會關門，光是關門跟窗，還有關瓦斯，就是種種可能大家想到的，會有造成家庭危險的那些門窗啊什麼的，他就要花一、兩個小時的時間去關，然後開開關關開開關關，他就是要百分之百確定，今天晚上大家都可以安全地睡覺。那小孩，他怎麼樣去保他的安全呢？他就不論春夏秋冬，都用三條毯子把小孩綁起來。對他來講，他只有小孩子被三條棉被跟毯子這樣包起來，而且綁起來的時候，他才覺得小孩今天晚上是安全的。我就問他的小孩，那夏天也這樣嗎？他就說：「是欸，夏天也這樣。」我就說：「你受得了啊？」他說：「就習慣了。」以致於他們到現在年紀長大了，他們晚上睡覺還是會用棉被這樣裹著自己，它已經變成一個不舒服，可是不舒服裡面居然會有安全感，那已經是個安全感的來源這樣。所以他就說，你們要想像，我們就有點像家暴的小孩，可能爸爸因爲什麼樣子的原因而變成一個家暴的人，但是我們就是承受這樣子的暴力啊！不見得是身體上的，可是是心理上極大的、情緒上的暴力。這是最近，我覺得我們開始處理代間創傷[3]的時候，才慢慢可以出現的話語。在過去這種話是不可以講的。

范琪斐　不可以講的原因是什麼？

彭仁郁　他們擔心會再度讓他們的前輩遭受汙名，因爲他們承擔這個社會汙名已經那麼久的時間，所以配偶跟子代都會擔心說，如果我把受難前輩比較負面的形象說出來，會影響到他們在社會上爭取大家的肯認，會擔心這個平反的運動會受損，以致於他們現在反而是，受難前輩可以開始講了，然後也比較多人願意聽了。但是反而配偶的傷跟子代的傷，有些是直接或是間接，是由受難當事人造成的話，他們過去是不敢提的。

范琪斐　你覺得這些前輩，這些政治受難者，他們有沒有一個「恨」的情緒在裡頭？

彭仁郁　拿我們自己來說好了，不要說別人，如果現在此時此刻，我家人的性命被一個莫名其妙的人殺死了，然後沒有任何的正義可言，就是我們的警察不會去抓這個人，也不會去澄清到底發生什麼事情，然後就告訴你說：「就忘了吧！」人死就死了，不能復生，你還能怎麼樣呢？就往前看嘛，繼續往前走。我不知道此時此刻，如果這件事發生在你身上，你能夠說我們沒有恨意嗎？有恨意本身，不是非常正常的事情嗎？只是，當帶著這樣的恨意，有的人很孤絕，有的人有辦法找到，就是比方說難友們，後來九〇年代，他們可以彼此見面的時候，他可以去紓解這個，就是說：「喔！原來你也跟我在同樣情況裡面。」然後特別是，我們後來可以開始對社會上的人說，我們發生了什麼不義的事的時候，我覺得那個恨會逐漸地轉化。所以關鍵

---

2 全名爲強迫性精神官能症，患者會陷入無意義且令人沮喪的重複想法或行爲中，希望結束如此行爲、思考模式卻無法擺脫，或者擺脫後卻陷入抑鬱。最常見的是重覆、過度的清潔或檢查行爲，比如：洗手、計算、檢查門是否上鎖等等。強迫症也和焦慮、抽搐等失調相關，可能升高自殺風險。

3 又稱代際創傷，在心理學中意指「創傷的代際傳遞」（Transgenerational Transmission of Trauma），是創傷通過 PTSD（創傷後應激綜合障礙）的機制，從創傷性事件的第一代倖存者傳遞到其下一代或下下一代。比如集中營、大屠殺、文革、戰爭等倖存者的孩子中，有許多尋求精神援助。

是，你剛剛說怎麼去療傷？前輩們都會跟我們講說，那個傷就是在了，不可能平復喔。我們現在都會講說：「平復歷史傷痕」對嗎？它當然是不可能的事情，傷痕會在，但是我們可以帶著傷疤活下去，重點不是讓傷不見嘛！讓傷不見其實是一個妄念（笑）。**對我來說，就是承認我們受傷了之後，我一直相信，那個傷只有在關係裡面，它可以結痂，我們可以讓這個傷不是由一個人背，而是所有我們去做見證的人，願意去聆聽跟記得這個歷史的人，**我們其實都某種程度分擔了這個傷；那只要愈多的人願意進來，我覺得這個傷，逐漸逐漸它會被稀釋成我們可以一起去忍受的。就是不要讓受難前輩跟家屬們，自己去承擔這樣子巨大的傷害。

〔白色恐怖故事的說與聽——從信任、聆聽到理解的漫長旅程〕

范琪斐　說出來這件事情對他們來講有多重要？我講的重要，不是只有歷史的這個部分而已；而是對他們自己自身有沒有什麼幫助？

彭仁郁　說出來，我們想法常常很容易很機械化，想說：「喔！好像說出來就會變好。」可是我們忘記說，**那說出來會變好，它有條件嗎？誰去聽？聆聽的品質是什麼？然後有沒有被聽見？怎麼樣被聽見？**它絕對是一個相輔相成的事情。那前輩一開始，到現在都會有家屬不願意說；以致於我們心理治療的圈子裡面也會有爭議，到底要不要說出來？他不想說的時候你逼他說，是不是更加造成他的負擔？那我們應該問的是說，爲什麼他不想說？我們的經驗都是，那些後來說出來的前輩，只要說出來的那些創傷經驗，他確定有人在聆聽，而且是眞正的讓他覺得他被理解的話，他其實會愈說愈多；我們的經驗是這樣。因爲有很多前輩一開始出來做見證，其實都很害怕，因爲他們不知道他們會不會被評價，會怎麼樣被評價？不確定。**可是當他們發現說，喔原來，聆聽的耳朵是溫柔的，態度是溫柔的；然後原來他們講的那些東西不會被人家覺得，是他們的責任**。因爲他們曾經在早期說出來的時候，在九〇年代，非常多的政治受難前輩或者是家屬，開始說這些事情的時候，他們還是受到質疑耶！還是很多人會說：「那你一定是做了什麼嘛？那不然爲什麼你看，我們都沒有被抓，爲什麼是你們被抓？那一定是你做了什麼。」所以他們開口說的時候其實會擔心被質疑，那個情況底下他們當然不願意講嘛！

然後再來就是，大家可以想像，在酷刑的狀態裡面，其實自己很多時候是不成人形的；所以要把自己不成人形的那個樣子，我一邊在說的時候你就已經想像我。比方說我告訴你，我牙齒被打落滿地、我吐血、我吐了血塊，然後特務逼著要我把血塊再吞回去；當我在告訴你這樣的事情的時候，如果今天我是當事人，我心裡就開始想說，我講這些場景的時候，好像你就看到我正在被當狗一樣踹，那你會怎麼看我？他其實可能常常會沒有安全感。我們當然會覺得說：「你那麼可憐，我一定會同情你嘛，我們一定會願意聽你。」可是以當事人的角度來看，他不確定，他這樣

彭仁郁

彭仁郁研究室一隅

范琪斐與彭仁郁

講出來是不是安全的；會不會你在我面前是一個樣子，那就是不信任嘛！**你在我面前你可能會好像裝出一個同情的樣子，你在我面前是溫柔；可是你會不會轉一個身又開始有別的評價，他們非常非常害怕。**

范琪斐　我們的觀眾如果有機會接觸到的時候，他們聆聽的時候應該要用什麼樣的態度？

彭仁郁　用什麼樣的立場跟態度對嗎？其實眞的不容易欸！就是我們都覺得好像聽很簡單嘛（笑）！只要坐在這邊，你開始說話我聽就好了，但是的確以我們自己的訓練就會知道說，眞正好的品質的聽，其實它眞的就是……我把那叫做「入膚式」，意思就是說，彷彿我想像我潛到你的皮膚裡面去了，彷彿我可以跟你同時的共同感覺到，比方說你被電擊，那個電流通過你身體的痛楚，彷彿我可以感覺到，那當然是想像的。我必須要把自己的感官整個打開，讓那個敘事影響我；我有辦法去眞的想像說，那個當下是怎樣，那對方才會有覺得說，OK他被理解的感覺。我們的術語是說，把身體借給他；一方面把身體借給他，可是一方面又要能夠出來。因爲如果我們跟他一起在那個痛苦的狀態裡面，我們會一起淹沒嘛！那作爲專業的聆聽者，我們就是必須要一隻腳跨進去，但另外一隻腳要踩在外面，才可以避免兩個人一起沒頂這樣子。所以我們常常講的就是說，你要「入膚」，要一方面在裡面跟他一起，可是你又要能夠在外頭。

我覺得當事人會看對象，他通常會看你有沒有準備好，那當他如果願意開始講，其實表示他是信任你的。那這時候大家就會緊張，對嗎？那我們怎麼辦？其實我覺得，很重要就是保持一個開放性；當事人其實會希望我們瞭解他，可是當事人也會覺得說，你如果太快了解，我不會覺得你是眞的。**所以保持一個開放性是說，我不懂，我不知道那是什麼，可是，我願意嘗試理解看看是不是這樣；必須要懸置判斷**。意思就是說，**當你還沒有足夠的訊息去判斷那個狀況的時候，不要太快給建議**。因爲一般人朋友們，會很急著想要離開那個不舒服的狀態，這也是我們人之常情啦！你聽到那麼痛苦的敍事的時候，你眞的會很想要幫他，可不可不要那麼難過？我們可不可以一起趕快離開這個？我很愛你，怎麼樣我都願意陪在你旁邊，我們會很快講出這種話；可是其實當事人會覺得說：「眞的嗎？眞的我需要你的時候你都會在嗎？我半夜被惡夢驚醒的時候，我打電話給你，你會願意接嗎？」所以不要太快給這種不可能的 promise。其實眞的就是保持開放性喔，然後不要太快給建議、不要太快給判斷，或者是告訴他說，那你可以怎麼樣這樣子。**其實就是等待，等待你的腦袋裡面有比較清楚的 picture 之後，你再給回應這樣子**。

【當青春、前程白白被剝奪，國家與社會如何看待、彌補這些傷痛？】

范琪斐　我其實在美國訪問過兩個這樣子的，他們冤獄的關係就關了二十年。我那時候在聽他講的時候就覺得說，這多少錢可以買回了？這不是錢能夠算計的東西。可是我現在要問的就是說，錢眞的可以，給他們帶來一些慰藉嗎？

彭仁郁　錢這個問題其實我也思考過很長的時間。現在的問題就是，我們忽略了錢它有兩層意義；就是它同時是實質的，像你剛剛說，你就是被關很久，其實白恐前輩跟冤獄的狀況很像，就是我的青春白白剝奪。我本來有大好前程，本來可能好好奮鬥的話，我搞不好已經，我的社會成就喔、或是我的家產可以累積到什麼程度；因爲他們當初有被沒收財產嘛！所以實質上的確他們會需要，國家必須要承擔責任、賠償他們，應該說，整體社會都必須要來承擔這件事情。他們有實質上的需求，然後也因爲他們的貧窮是政府造成的；他們這種貧窮的循環，因爲財產被剝奪，以及他們失去了工作的機會，這樣子的貧窮在他們下一代會繼續複製；以致於到現在二代、三代的確有很多的家庭，他們到現在都還在貧窮當中，但他們本來不應該活在這樣的貧窮當中的。所以國家要賠償他們這是理所當然。**但錢還有另外一個是象徵的意義**。比方說，現在一個就是，受難前輩或是家屬，希望政府在做賠償，我們現在有一個新的草案在準備當中；賠償的時候，他們就一定會去跟現在冤獄賠償的額度做比較；就是現在冤獄賠償的比例是這樣，那爲什麼我們只能夠拿到可能十分之一不到，爲什麼？他們會在象徵上去看說，所以這意味著國家只願意承認他對我造成的傷害只有現在同樣是被關三十年的這個人，好像我受的苦只有他的十分之一嗎？我覺得這個東西就是很麻煩，就一旦這種沒有辦法被金錢估量的痛苦跟剝奪，一旦把它量化之後，就會產生比較的問題，以致於我覺得，受難家屬跟前輩們不是在計較說多少錢，而是國家到底，或說社會上的人，到底怎麼看待我們的傷痛？他們有理解嗎？那如果今天，在金錢的額度上是十分之一的時候，他們就會覺得不公平，那不公平的感受就會出現這樣子。

范琪斐　你覺得你研究這個東西沒有改變你？對你自己的影響是什麼？

彭仁郁　（笑）時時刻刻都在改變我吧！它改變我的其實就是，我覺得其實會讓專業助人工作者更 humble，就是我們其實沒有什麼能力。我們眞的在所謂做治療啊、做療癒，不管用什麼樣的名詞。**到頭來其實都是如何成爲這個受創的人的戰友，然後陪他走一段路的人**。對我來說只是這樣而已。我們不可能有比他們更大的能力；特別是，如果我們知道他們承受的創傷和那個巨大的狀態，跟我們實際上能夠處理的，然後他們背負了這樣巨大的創傷可以走到現在「還．活．著」，你就會知道他們的能量是遠遠超過我們的想像的。

最後一個問題。我其實是為我自己問的，我訪過很多因為各種原因受創很深的人；像一開始講的 Darrell，是因為種族因素，坐了二十多年的冤獄。在紐奧良，我訪過很多在風災後一夜之間失去家園的人。在海地，訪過在地震中失去爸媽的孤兒。我常常訪問完之後，沒有辦法擺脫沈重的無力感。仁郁跟這些受創者相處這麼長的時間，我不知道她怎麼讓自己的生活不受影響。

彭仁郁　我還是覺得被他影響是重要的。因為不然的話，我們會……不知道怎麼行動。那可是呢？我自己是這樣……。我應該是說，我跟受創者一起工作，或是陪他們走這段路的過程裡面，拿到的不只有傷嘛！其實大家可能會很驚訝，有時候我都不好意思說，因為感覺我好像在吸取他們的能量；反而是因為你看到他們自己如何在那種險境底下還是設法撐過來的時候，你看到的其實反而是一個非常光亮的東西。你看到的是愛，你看到的是一個，**在這種情況下還持續為他人著想的這樣的能力**；我其實不斷地被這種能力安撫；所以我拿到的絕對不是只有傷而已。或是說它其實是同時發生，**就是那個傷有多巨大；但是我看到他們的愛，跟為他人帶來光明的能力就有多巨大**。

我們在《說故事的人》訪問了很多情感上有傷痛的人，我自己訪談的時候常常會哭；很多朋友也說，聽的時候會跟著掉眼淚。其實《說故事的人》當初在設計的時候，並不是刻意找很悲情的故事，但是跟受訪者愈談愈深的時候，我們跟著他，一起走進了他心裡很柔軟的那一塊；這常常是他內心最脆弱的地方，但常常也讓我覺得，是他最強壯的地方。

故事·九

回不了家的人

你有沒有做過一種夢？就是夢裡面呢，以為自己在一個地方，但是醒來的時候才發現自己其實是在一個完全不一樣的地方。我以前在美國的時候，我就常常做這樣的夢。那時候我出差很頻繁，一個城市待個兩個晚上就得馬上飛到另一個城市去。待兩、三個晚上，又要飛了；所以常常早上快醒來、還沒有全醒的時候，我會搞不清楚自己在那裡。

但是我最害怕的一種夢，是夢到自己在台北的家中睡覺，真的是那種平凡無奇、千篇一律，完全乏善可陳的那種睡覺。模模糊糊醒來的時候，你就會發現其實自己是睡在美國一個鳥不生蛋的鄉下地方，很可能是一個連鎖旅館的單人房裡面，然後那個棉被枕頭的漂白劑味道，馬上就跟我確認一個事實；我不是在台灣，不是在台北家中那個我長大的、有霉味的小房間裡面；走出門呢，不會有范媽媽洪亮的嗓門說：「要不要吃菜包？要不要吃油條？要不要吃蛋餅？要不要吃春捲？我剛才在菜市場買的！喔，還有稀飯喔！」

從這樣的夢裡面醒來，我的心情通常都很爛；這時候呢，我有兩個選擇，一個呢，是把頭埋在枕頭裡面，自怨自憐、滴兩滴眼淚；或者是呢，一腳踢開棉被，跳起來。我通常是跳起來啦，要工作嘛！然後呢，我就會吃一頓很豐盛的早餐，安慰我自己。到後來，我的同事Eric看到我一早在吃牛排的時候，他就會笑著說：「想家啦？」然後就會自己也去叫一客牛排來陪我吃。

這次《說故事的人》要訪問的這一位達瓦才仁，就是個離家好遠好遠、好久好久的人。我想要知道，他想家的時候，怎麼辦？

生長於中共對藏人的打壓下，曾想揭發父親、奶奶，後來矢志成為「土匪」

范琪斐　你說你的名字是什麼意思？

達瓦才仁　達瓦才仁。達瓦是星期一，或者是月亮，因爲西藏的曆法上面，星期天是太陽日，星期一是月亮日，星期二……都是這樣。然後，才仁是長壽；因爲西藏人一般都是喇嘛取名字嘛，那我是一九六三年出生，我們家鄉已經沒有喇嘛啦！所以就父母起名字。父母起名字就是星期一出生，然後給它加上個長壽。

達瓦口中的家鄉指的是西藏的康巴，就是長江、黃河的源頭那一帶。他說他的家鄉沒有喇嘛，是因為中共在所謂的民主改革運動下，收繳了藏人的槍枝、拆除了當地的寺院。小時候的達瓦，就是在這樣的環境中長大的。

達瓦才仁　我記得有一次，是學校裡突然放假。我回家的時候我發現我家的門，推不開，因爲有個窗戶，窗戶裡面有個玻璃破了嘛。因爲那時候只是小孩，身體很小，有時候有門了我也會從玻璃窗裡爬進去、爬出來，所以我就直接過去，從玻璃裡爬進去。爬進去我發現，我們家後面有一個房子，那個門從來不開的，那房門有開。我就是門口往裡面一看，哇，我爸爸和他媽媽就我奶奶，他們兩個在那個地方，點了一個酥油燈；酥油燈點著在隨便這樣的瓷碗裡面，然後前面好像供了什麼東西，然後他們兩個都非常緊張，就把我趕出來。那時候我就覺得，哇！學校老師講的牛鬼蛇神原來就在家裡啊，那時候我還在河邊想很多喔，我如果去揭發的話，我會戴紅領巾啊！

范琪斐　你那個時候幾歲？

達瓦才仁　大概小學二、三年級吧！總之我記得就是在河邊，後來父親就告訴我說，他其實在路旁邊撿了個泥菩薩，泥巴做的菩薩。那他覺得丟在路邊不好，因爲那時候大家所有的人都在丟嘛！所以我父親就把祂撿回來，那奶奶很高興啊！有個菩薩今天要拜一下，所以關門，母子兩個就把那個泥菩薩供起來，就沒有想到就被我發現了。他們倆嚇壞了。後來很久以後，我聊到這些的時候，父親就說，對啊！他說，那時候非常怕，父親當天晚上就把那個泥菩薩扔到河裡去了。

達瓦才仁年輕時的肖像

達瓦才仁

達瓦說，從五〇年代開始，藏人群起對抗中共的統治。抗爭的結果就是，西藏人口大量地減少。

達瓦才仁　一直到一九八〇年……中國的人口普查的時候，我們家鄉還有百分之二十的女人；他們可能有孩子，但是沒有老公，是這樣一個狀態，所以死的人很多。每個人的家庭，所有的男人都是打過仗的，所以我們從小都會有這樣的經歷嘛！就是有一種深仇大恨，或者民族的仇恨，或者說我們國家被佔領啦，類似這些。所以說從小，只要你是男人，就是西藏人的說法，就是覺得這是男人的責任嘛。只要你是男的，你就應該要……這樣的事情不能忘掉，你還要有個回應嘛。

達瓦中學畢業之後，考上青海警察學校，十七歲就當了警察。但是藏人的身分讓他決定在十九歲這一年，成為一個中共眼中的——恐怖分子。

達瓦才仁　我十八歲那時候，十九歲啦，實歲十九，虛歲二十。我的一個朋友，他說四川那邊有一座山叫二郎山，他說上面還有土匪；**土匪指的就是藏人的游擊隊，因爲中共一直稱他們土匪嘛！**我們那個地方就只有這個術語，你只能稱土匪，其他都不能稱。他說還有土匪啊，五十八年一直打到現在都沒打。我們就很激動啊，現在要參加啊！要去參加游擊隊。

范琪斐　以中共的定義來講，這個就應該算恐怖分子了吧！

達瓦才仁　對。

范琪斐　是吧！

達瓦才仁　對，那個時候還沒有恐怖分子這個詞。那時候大概十八歲嘛！就覺得三十已經很老了，那活著有什麼意思？三十歲以前，轟轟烈烈幹一場，就死掉；打死一個夠本，打死兩個賺一個；要爲自己的上一代人報仇，上一代人不會打仗，我們會打仗。我們打游擊戰。

與友人計畫偷槍、行動失敗入獄；每天做磚瓦、勞動十二小時

打游擊戰的第一步，需要有槍；但是除了身為警察的達瓦，其他朋友們都沒有槍。這時候其中一位在政府單位工作的朋友就出了個主意。

達瓦才仁　那時候中共就會……每年都會給一些民兵發步槍，讓他們去保護一些牲畜。

范琪斐　喔，是爲了打獵的。

達瓦才仁　打獵。所以他說，他們那個單位來了那樣一批槍和子彈，所以我們就去偷槍，結果我們去偷的時候，行動晚了兩天，去的時候就沒有偷到槍，只偷到一堆子彈，所以

我們被抓起來——盜竊彈藥，盜竊彈藥罪。

范琪斐　所以其實也沒有打成游擊。

達瓦才仁　打什麼游擊啊！那二郎山上哪裡去找啊，……現在看起來，他就是在漢藏交界的地方，所以我那朋友聽來的就是那種，莫名其妙的，不知道哪裡來的小道消息。

范琪斐　可是就被抓起來了。

達瓦才仁　就被抓起來。

范琪斐　然後發生了什麼事？

達瓦才仁　然後就被判刑，我那個朋友判了十八年，帶消息的人。我們沒有說我們要參加游擊隊，我們只說我們去打獵，但是他呢，判十八年，我判十二年。幾年以後，我父親就花了很多錢，然後就改成六年。六年出來，出來以後，大家談的還是游擊隊的事。

范琪斐　六年裡面發生了什麼事？關起來那六年。

達瓦才仁　每天工作，勞動十二個小時，然後，只有中午吃飯半個小時，勞動就十二個小時。

范琪斐　勞動做什麼？

達瓦才仁　做磚和瓦。因爲磚瓦……中國那時候有很多建設，磚瓦非常值錢，所以我們有五、六千個犯人；五、六千個犯人裡面，藏人有三、四百個。

范琪斐　所以你說在勞動的時候，你說那個時候，嗯，就是做磚瓦嗎？

達瓦才仁　對。

范琪斐　那個工作危險嗎？

達瓦才仁　有危險啊，每年都會死幾個，但那個不算什麼啦！在中國，勞改犯多得要命。它有一種是，比如說，他要挖土。那土是一座山，山挖過去，挖了以後它就變成懸崖一樣的嘛！那個土整個放下來了，就要在下面挖洞，挖十幾、二十個洞，然後把洞之間打掉，然後那土就會塌下來；那個打掉的那些人，他在下面打的時候，上面會有一個人觀察，當發現上面的土裂開了，哇！他就馬上叫，下面人就馬上跑，跑完了土就會塌下來，那塌下來就變成挖出來的土。那個有時候那個土，他上面不一定有裂開，或者因為上面是草皮嘛，所以裡面其實裂開了，但草皮看不出來，然後那個土塌下來，那有二十幾米高；那一塌下來下面的人跑不掉，就會壓死下面的；然後大家去挖，挖出來就幾個肉餅。

還有一種是你在那磚瓦窯，窯它是那個……一個圓的；這面燒、這面出；這面燒、這面出；一天都不停。你這邊再往裡燒，那面再出，一年三百六十五天，天天都要做。他為了趕進度，那個……我磚和瓦都還是紅的，還是燙的，非常燙，犯人就要強迫進去，把它往外拉。因為中間要過火嘛！那是要架起來的，架起來稍微不小心，那些就會塌下來，塌在你身上你全身都會是……。

范琪斐　就燒傷了。

達瓦才仁　就是熟肉了，肉熟了，一下就熟了。再挖出來，人一拉，那個肉就一塊一塊掉，十個裡面七個都會死掉。

瞞父親說要前往印度學佛法，父親隱約知道是爲西藏做事

在中共的定義裡，不管達瓦是土匪、是囚犯、是恐怖分子；但我跟達瓦講話的時候，還是覺得什麼土匪啊，恐怖分子放在他身上很違和。基本上呢，達瓦這個人的氣質就是個離「暴力」這個概念非常遠的一個人。他的聲音輕輕柔柔的；說話的時候眼睛總是笑笑的；也許是因為學佛的關係，達瓦老讓我想到慈眉善目這四個字。我都覺得講到暴力，我鐵定比達瓦要有潛力多了。但是在聽到達瓦逃出西藏的故事的時候，我更驚訝。一個經過這麼艱困的旅程、一個差點死掉的人，為什麼還能有這樣一張臉。

范琪斐　所以康巴，你出生的地方，你在那邊住到幾歲？

達瓦才仁　我住到二十八歲。

范琪斐　住到二十八歲。

達瓦才仁　對，到二十八歲我就跑出來了，到印度。那個時候中國有一個參考消息，報紙。報紙裡面刊登消息說，在印度的西藏青年黨，要組織一個叫康巴勇士團的軍隊要回西藏去打仗、打游擊。那個時候，大家興趣就很大；我們看到那個參考消息；那個時候我有兩個朋友。一個是公社書記，一個公社鄉長，就是中共的官員啦！他們兩個，還有我們幾個朋友，聚在一起商量的時候就是說，OK，我們應該要去。如果真的打起來了，我們應該要加入嘛！

但是想去的時候要經過父親同意，那父親是完全的排斥國家、民族那些；父親的觀念覺得，西藏人遭受這麼大的劫難，都是我們自己的業力。我們前生、累生累世裡，積了很多的業。父親最常說的話就是，你看，那些中國人也都是鄉下農民，他們大老遠跑過來砸我們的寺院、砸我們佛壇、殺我們的人，爲什麼？都是因爲我們自己積累的業報，那業報成熟了，類似這樣的話。所以那個時候我是覺得馬克思說的，宗教是麻醉人民的鴉片，說得眞的不錯，我父親就被麻醉成這個樣子。所以他會逼我們出家，我們四個兄弟，我那三個弟弟都出家。那我說，我如果出家，我們家斷子絕孫喔！**父親說，斷子絕孫好啊，你把子孫留在這個輪迴裡面做什麼？他說，我巴不得斷子絕孫，大家都能夠走上那個佛教……。**

范琪斐　所以爸爸是反對的。

達瓦才仁　對，他一定會反對嘛。所以我跟我父親說，我要出家、我要去印度學佛法，因爲在西藏沒有地方去學嘛！你只要說學佛法，你只有一個出路就是到印度。

范琪斐　後來你就跟爸爸說好了？

達瓦才仁　對啊，我父親他是……就隱隱約約覺得不對啊，我這兒子怎麼突然宗教變得那麼虔誠？他就跟我說，你是不是眞的去學佛法？我說，對啊，我學佛法。他說，你如果不是，**你留下來，我們父子一起過日子**。我就不吭聲嘛！最後我父親也跟我講了一句話，他說，當今這個皇上喔，就是指中共啦，西藏人都說皇上，說國王。當今這個國王喔，你不要去惹他，惹了你就不要回頭。我說，這就是他其實……。

范琪斐　心裡頭知道的。

達瓦才仁　也意識到我可能其實不是爲了宗教，而是爲了西藏嘛。總之，他其實就這樣一方面擔心、一方面又可能……。而且在那前一晚上，我媽媽在旁邊哭了。我媽媽一直在哭，爸爸在勸我，在那邊祈禱說，希望那個印度的佛陀，加持過的土地，希望西藏的高僧大德能夠加持我的兒子，讓他拋棄什麼民族啊、國家的東西，讓他變成一個眞正的有智慧的修行者。

穿越雅魯藏布江與喜馬拉雅山，歷經飢寒交迫、生死交關與發大願

范琪斐　這個路上，是不是曾經有非常危險、差點死掉的經驗？

達瓦才仁　很多次、很多次、很多次。

范琪斐　很多次差點死掉啊？

達瓦才仁　有一次我們過雅魯藏布江嘛！雅魯藏布江你只能晚上過，白天不敢過，警察會發現嘛。雅魯藏布江有個分岔嘛，白天我和另外一個人高個子去探路；路探好了，然後在河的對面、河岸上放石頭，就淺灘嘛！河流的時候會有一個線，是淺灘，那個地方不會淹掉，其他地方水很深嘛，所以你必須要知道淺灘在哪裡，做個標記。結果晚上伸手不見五指，根本找不到白天的，只好冒險。那時候我們有三個女的，還有

一個瘸子；他們四個是弱勢的。所以我就把……藏人不是有腰帶嗎？很長的，我把腰帶拿下來，我把一個女的綁一個男的，最強壯的，打個死結；然後我就跟女的說，反正妳死了也要把他帶上。因爲否則有些人會放手，但是你如果綁了，那就只能……。

范琪斐　拖著走了。

達瓦才仁　拖著走，同生同死嘛！所以我就一個一個綁，然後我自己在前面走，一會撐到水裡面，我再游，而且水上有這麼厚的冰渣。因爲那時候是三月，厚厚的冰渣，水不是一般的冷啊！然後再游過去，他們又在後面哭；然後我就說，我還沒死你哭什麼？就我會忌諱嘛，西藏人。就這樣，晚上就折折騰騰大概有兩個多小時，到了河對岸，我身上全部都是血淋淋，就那個冰渣會割開一點一點的小口子；口子都不大，但它會流血，因爲濕的；它流血，大家其實也是這樣。然後我們就一路走，就狂奔，因爲不奔的話會很冷；那時候非常冷，那次就差點……。還有後來路上，我們翻幾次山以後；因爲帶路的不會帶，後來就走到，就找不到人了嘛！找不到人了以後就餓、餓肚子。

范琪斐　對，吃飯怎麼辦？

達瓦才仁　六、七天我們都沒有吃到。

范琪斐　六、七天沒有吃東西啊？

達瓦才仁　沒有啊……第一天呢，我們吃了一碗，我有一碗白米，因爲我那時候拉肚子，因爲喝稀飯會好嘛！所以我跟一個牧民家裡花錢買了個白米；然後我用那個布，一個布把它纏起來，纏在腰上。因爲我們十幾天睡覺都不脫衣服嘛！所以我都忘了有這個東西，腰上。（笑）最後我才想起來，結果那個地方很高；那個再怎麼煮，米飯都不爛，就這麼吃啊……！

范琪斐　就這樣生生地吃。

達瓦才仁　對，十二個人。所以那時候十二個人，就吃了那一碗，那算一天。還有一天我們吃了四塊壓縮餅乾；就是那個軍運的，中國軍隊的、軍運的四塊餅乾；就這麼大的，四塊壓縮餅乾十二個人分著吃。

范琪斐　在那種生死關頭的時候，我說實在我們沒有經歷過，我們都沒有經歷過。還記不記得當時怎麼想的？

達瓦才仁　有一次我們走喜馬拉雅山，我們在山上走嘛，水往北流就是注入雅魯藏布江，往南流就是印度平原嘛；所以我們看有一條水溝好像是往南，但是我們不知道水流下來會不會這樣流過去，沒辦法確定嘛！但最後我們走下去了。走下去水眞的是往南流，哇！大家很高興，我們幾乎是唱著歌下去的。結果到了半路就碰到了懸崖；那個瀑布是幾十米高的瀑布，然後完全沒有路，往左跑、往右跑，什麼地方都爬了，繩子也吊了，中間有個還吊在半懸崖上。喔！這一生最怕的，走投無路只好回來嘛！回來的時候大家就慢慢，一個一個走，我走在最前面，回頭看他們很遠嘛！大家都很髒啊！那時候我想起我爸爸講的話，爸爸說，叫我留下來，我們父子一起過日子。我想，哇！我可能要死在這裡了嗎？跟父親沒有：什麼也沒有啦，就覺得這一生：什麼事也沒做成。那時候旁邊有一個這樣的拐彎，就是面向東的，陽光會照得這地方暖烘烘的；然後那下面結冰嘛，冰的中間有窟窿，裡面水往外冒。我看後面的人又很遠，所以我就在那邊脫掉衣服，就，哇啊啊，洗澡。洗澡時頭髮都結冰了。洗完澡，我就在那地方大概向著達蘭薩拉祈願嘛；我想這是我這輩子最虔誠的祈願。我就祈願說，**今生今世，如果能夠爲西藏民族做什麼事，就讓我不要死掉；如果今生今世我不能爲西藏民族做什麼事，那就讓我死掉，希望我來世能夠變成一個可以利益西藏人的**。那時候我是認爲，我死定了。就這樣啦！你就會想，我來世會什麼樣子？我會轉生在哪個地方？我會不會轉生，還是在西藏嗎？中國人會說，西藏是鳥不拉屎的、很荒涼的地方，西藏人覺得，西藏是觀世音教化的地方，西藏人是觀世音的子民，覺得全世界最好的就是西藏（笑）。中國人他們聽完就會笑，覺得西藏人眞笨啊！

〔在印度——擔任達賴喇嘛翻譯、考上西藏流亡政府公職，順利結婚生女〕

在三十多天的旅程之後，達瓦終於在一九九二年的四月二十九日抵達了目的地達蘭薩拉，他說他記得這一天，是因為達賴喇嘛在一九五九年流亡到印度，也是同一天抵達達蘭薩拉的。

當時，他被安排住在接待站，準備達賴喇嘛的接見，一個多月之後才見到達賴；半年多後參加流亡政府的公務員考試，也是等了半年多才放榜。他考上了，又等了半年多，才正式上班。他還曾經擔任達賴喇嘛的中文翻譯，跟達賴喇嘛的關係很親密。在達瓦三十八歲那年，他認識了一樣是從康巴出來的拉姆，他為自己組了一個新的家。

達瓦才仁　結婚嘛！我父親就跟我講，**女性沒有結婚以前會隱瞞自己啊，三個孩子以後，你才知道她的本性什麼樣子**。

范琪斐　（笑）OK。

達瓦才仁　所以你就會……（笑）不好意思，這是老人的說法，所以你就感覺上覺得，那就碰運氣了，碰到什麼就什麼嘛！今天看到的過一陣子就可能，就會變成另外一個人；還有一個就是，我們相信業力嘛！自己有什麼樣姻緣、業力，所以不太相信自己所看到的，或者相信緣分，所以就去卜卦嘛！卜卦的時候都是她啊，都說她很好。

范琪斐　喔眞的喔，耶，兩個女兒來講一下，都多大年紀了？

達瓦才仁　二十多了，一個二十一，一個二十四了。不是，一個二十二、一個二十三了。

范琪斐　那你覺得這兩個女兒要結婚的時候，會用你們這種方式嗎？就是父母決定……。

達瓦才仁　沒有、沒有，我們就說你們自己決定啊！你們自己帶來啊，但一定要佛教徒啊！

范琪斐　如果不是佛教徒怎麼辦？

達瓦才仁　那你過自己的，我們就沒有關係啦！

范琪斐　什麼叫沒有關係？

達瓦才仁　我們是說，我們不希望我們的家裡，有其他的加入，我們要過我們自己的日子，我們過我們佛教徒的日子。至於你喜歡什麼，如果願意跟父母在一起是一家人，那你就要順我們。如果你不願意順，你就過你自己的。

范琪斐　我要確定一下，「你就過你自己的」是說，以後就不是我女兒嗎？

達瓦才仁　對啊，就不是了。

范琪斐　喔，這很嚴厲啊！

達瓦才仁　不是啊，自己選嘛！

范琪斐　是啊，可是還是很嚴厲啊！

達瓦才仁　但是你不能強迫我們跟你……。

范琪斐　那媽媽怎麼想呢，我問一下。

拉　姆　我也這樣想。

范琪斐　所以這個很重要，就是佛教徒這件事很重要。

拉　姆　這是最重要的。

聽達瓦這麼講，我忍不住要想，這是不是也太排外了一點？而且年輕人有年輕人的想法，你哪管得住啊？范爸也是就三令五申，叫我一定要嫁客家人，但後來看我混到快四十歲都還沒有嫁，急得不得了；現在看到外國女婿，還不是笑嘻嘻的。我跟達瓦說了，我認為他只是還沒有危機感。

達瓦才仁　西藏不太一樣。因爲台灣是很自由的。你看很多，我們碰到藏傳佛教徒，他們會講，他以前是基督徒，當了五、六年的基督徒，然後就覺得什麼什麼不對，然後去了漢傳佛教，漢傳佛教又怎麼怎麼不對，就到藏傳佛教。就好像是我換了兩個店一樣的，說話很輕鬆，對他來說這是非常輕鬆；你在西藏的人，你換了⋯⋯不要說教派，你從這個寺院轉到另一個寺院，都會覺得大逆不道，覺得這麼人怎麼會這樣？西藏人會覺得這是一個非常天大的事情。你看流亡藏人那麼多年，跟印度啊，那些結婚的有啊！不多，但是到國外、離開西藏社會，比方到台灣跟台灣人結婚，到美國跟美國人結婚，那就很多。但是他如果在西藏人的社會裡面，他就會承受那個壓力；那個壓力就是，大家就會認爲你在背叛一個自己的信仰、民族啊⋯⋯那個壓力很大。而且因爲西藏人現在屬於一種生死存亡的關頭，所以會覺得每個人都有責任。所以說，就特別不能容忍。

然後因爲我們是難民，**我們又沒有任何地方的身分證，所以沒有任何地方我們是合法的**。**所以一輩子都像是住旅館的感覺嘛！**買任何東西都要想，將來能不能帶走啊，每次都想，五年能用，喔，那就很好，五年以後誰知道在哪裡？所以這樣的一個心態下，家人就變成你唯一的；除了宗教，除了政府、流亡政府以外，家人就變成你唯一的依託，或者說是中心；沒有第二個。不會有親戚，不會有其他的家人，沒有任何，也沒有家了。因爲我們都是外國人，我們到世界任何地方去都是外國人，到台灣是外國人，回印度也是外國人，我們每年都要續簽一次居留證；你就永遠都是一種旅館……住旅館的這種感覺嘛！**家其實就不是一個房子，或者那些東西，家就變成彼此**。所以這個感覺非常強，就是互相的依賴性，或是說依託。

十五年後——因出訪北京而返家，家人卻擔心出事了……

我問達瓦，想家的時候怎麼辦？他說他三不五時，就會用谷歌地圖上去看看西藏的老家變成什麼樣；工作一空閒，也是聽聽西藏的流行歌曲，我問他歌詞都寫些什麼，他說……。

達瓦才仁　他講的西藏人要團結，你看我們山上的那個……氂牛、野牛，當他們成群的時候，即使那個最兇狠的老虎見到他們也要躲開。你再看看海裡的魚群，魚群衝過來都要讓道；我們西藏……西藏人希望大家能夠團結在一起。你看看我們的命運，我們不團結怎麼辦？類似這些。如果我們能夠團結，那該多麼地幸福啊！

在離家這三十年裡，達瓦只回過西藏老家一次，那是在二〇〇八年，中共邀請西藏流亡政府訪問北京，達瓦被流亡政府指派為代表。到了北京之後，是由當時的政協賈慶林接待；官方行程之後，就特別安排一行人回到西藏老家去看看，當時達瓦離家已經十五年了。

達瓦才仁　我們被叫去，然後我們也不知道他們會叫我們去哪裡啊！然後最後說，我們可以回家，但不能告訴……所以我們到離家鄉有五十公里的地方就打電話。因爲我們去的時候，也不知道可以去家裡嘛！**幸好我還記得我父親的電話號碼，所以打電話跟我父親說，我來了**。**父親就很緊張，是不是抓回來了，還是怎麼了？**

范琪斐　所以他不知道，他完全不知道。

達瓦才仁　完全不知道，其實我父親說他很緊張，兒子應該不會是投降吧？那不是投降，是不是被抓回來了？抓回來是不是要在家裡，又要逼他們做什麼事啊？或是怎麼辦啊？類似這些。

范琪斐　所以父親第一個反應是很害怕、很緊張。

達瓦才仁　不是第一個反應，一直以來……全家人的反應就是這樣，他們就覺得肯定不是好事啦！今天要帶來家裡，肯定是……就會要脅嘛！你們家裡如果配合做什麼事，他會好一點，不配合他會倒楣。家人就要配合做一些事嘛！他們就覺得，會不會要做什麼事，結果我到家裡，其實家人都在樓上，只有我妹妹出來。她見到我她就給我家人說，爸爸！哥哥來了，眞的是哥哥！然後她抱著我啊！就哭啊！親啊！我那時候還專門準備了一個照相機，回家去照，臨走的時候放在冰箱上就走掉了。（笑）

范琪斐　忘啦？

達瓦才仁　忘啦，那時候還沒有手機嘛，相機就這樣忘掉了。因爲旁邊有中共官員啊！家人就一邊擁抱一邊看，怎麼回事啊，他怎麼來啦？然後呢，中共官員就說 OK，他們就回去了，然後就恢復正常了，說怎麼回事啊！我就說，對啊！上面派我來的，我是出公差啊！然後就變成這樣。然後就進入正常的階段之後，媽媽就會講，這個女兒不好啊……。

范琪斐　把家裡的八卦講一講。

達瓦才仁　對，就因爲以前我是家裡的大哥嘛！我媽媽每次都是，比如幾個女兒，或者是我弟弟不聽話，我媽就說：「達瓦！」我就跑出來，就像一條狗一樣，哇啊啊，出來，抓著妹妹打一頓，媽媽看看：「好啦！」我就停止。我每次都扮演這個角色嘛！所以我回來了，媽媽就跟我講，唉呀，妹妹什麼事不好，怎樣啦！吧拉吧拉……就講這些啊，爸爸就講其他的，他還是講他的宗教啊，你修行了嗎？你早上會念經嗎？有做禮拜嗎？達賴喇嘛怎麼講的？喔喔，他這樣講，喔喔喔，他是不是這樣……不會啊，他應該是這樣，就類似這些。

范琪斐　那天晚上有過夜嗎？

達瓦才仁　有過夜啊！媽媽就一定要跟我一起頭對著頭啊！西藏人的房子裡面，它都是一長條的床；一長條的床，然後呢，上面會鋪像地毯一樣的東西，長條的。所以家裡有客人那些的話，比如說你是客人啊，你睡在最頭上；你如果頭朝那面，我就頭朝外，兩個腳互相對著；你如果頭朝這面，我就頭朝你；兩個頭就互相靠著，就開始講話了。哇那個怎麼怎麼啦……哇哇哇，就開始講。其他人，有些就坐在旁邊，幾個妹妹就抱著你啊，哥哥……爸爸那時候就不理我們了，因爲他講不上話嘛！

范琪斐與達瓦才仁

此次返家，竟是與父親最後的相見

范琪斐　你說待一個晚上嘛，待一天？

達瓦才仁　一個晚上睡覺，第二天白天；第二天，天一黑我們就離開了。

范琪斐　離開的時候，跟我們講一下當時的情況

達瓦才仁　沒有啊，就哭啊！女的哭啊！**爸爸就說，唉呀！你這樣來還不如不來，來了就離開，還要傷心（笑），對啊！**

范琪斐　（泣）對不起啊，我聽了很難受耶！

達瓦才仁　對啊，我父親是這麼講的。哎呀！早知這樣還不如不見，見了後又要走掉，又不能一起。我是覺得就是……我知道一定會離開嘛！而且我離開的那個時候，我父親跟我講，他叫我好好念經啊，多念《度母經》啊等等。走的時候他說，我不知道我們父子今生還能不能見面？如果見到了，我這個算是教誨；如果見不到，我這個算是遺囑。所以那時候就知道，我們可能見不了，所以後來能見，我們都覺得運氣很好、超好。

范琪斐　還在嗎？爸爸。

達瓦才仁　不在，前兩年去世。

那就是達瓦最後一次回到家鄉的經過，也是達瓦最後一次見到父母親。我到現在都沒有辦

法想像，那是個什麼樣的感覺。通常我們見到一個人最後一次，都是很久以後才知道，天啊！原來那就是最後一次。但對達瓦來講，每次道別，都得要當成最後一次，珍珍重重地說再見。

范琪斐　所以現在在西藏還有……。

達瓦才仁　三個妹妹。

范琪斐　三個妹妹，這樣子。

達瓦才仁　三個妹妹我都不聯絡。現在……其實我因爲父親去世以後，我會跟一個新營有一個中共的官員，退休的，他也八十了。我就會跟他打電話。然後他就會跟我的妹妹去問一些事；他就會跟妹妹聯絡嘛，然後他得到一些信息來啦！我給他打電話，他就會告訴我。

范琪斐　可是你不覺得，你跟你的家的關係，快斷了嗎？

達瓦才仁　不會啦，他還是我家人啊！我們血脈相連，那個不是你說斷就斷了。

達瓦的故事對我來講，不是他一個人的故事。這是一個民族的故事，是很多流離失所的難民的故事。我理解他回不了家的悲傷，但我也在他身上看到，為什麼很多難民在異地為自己再建一個家園、要融入其他國家的社會會這麼地困難。重新開始比我想像的要艱難太多了。我想我們這些可以回家的人，真的非常的幸運。

最後我想告訴大家那個困擾我很久的夢，後來發生了什麼事。我搬回台灣這兩年多來，我沒有跟爸媽住在小時候長大的家。在台灣，我跟我的美國老公租房子，住在我從來沒住過的區域；我隔兩天就要走錯路、坐錯車，但不知道為什麼，我一次都沒有做過，那個我在美國的時候，很害怕做的那個夢。那個夢裡面在家中睡覺，醒來在異鄉的失落感，就這樣再也沒有出現過了。

故事・十
逃亡的人

你做過最重大的決定是什麼？我指的是那種，你知道做了，就會顛覆你人生的那種決定。一位朋友說，他為他的雙胞胎放棄了博士學位，一位說，決定嫁給結婚前只見過兩次的老公，有一位離開了曾經是生活全部重心的教會，有一位朋友說，他決定放下面具，做自己。

這次《說故事的人》要訪問的兩個人，都做了一個，我相信你會同意，是個顛覆人生的決定。第一個就是香港銅鑼灣書店的店長林榮基，那個顛覆他人生的決定，是在香港九龍塘火車站前，他一邊抽菸一邊做的，在那短短的一兩分鐘裡，他得要決定，為了要保全他自己，他要照中共要求的把別人供出去嗎？

後來發生的事，我想很多朋友都知道了，他沒有做，他最後選擇的，是向全世界公開了中共對他做的事。這包括綁架、關押、以及威嚇，但我最想知道的，是在九龍塘火車站前，抽那一根菸的時間裡，林榮基在想什麼？

范琪斐　你住台灣習不習慣？

林榮基　以前過來過，九〇年代出差。

范琪斐　常常來？

林榮基　找一些書過去香港，不是很常，但都了解台灣。

《說故事的人》團隊到林榮基在台北的書店去訪他，發現他就住在書店裡，在辦公桌的上方架了張床，後面的陽台，就改成簡易的廚房；這個空間的設計，在我來看是很香港的，對空間的使用一點都不能浪費。林榮基說，他平常不怎麼煮菜，就是去自助餐店買。

林榮基　我不用煮啊，台灣現在有自助餐啊，買個便當家裡就吃了，那弄得很好吃啊，我天天都吃，又便宜又好吃。我發現會懂消費也很好，比方說你不挑肉，那就很便宜，你挑肉他可能就貴三、四十塊，所以兩餐我大概是八、九十塊，分兩餐，米也可以買回來，台灣的米也很好吃啊。

范琪斐　你生活很簡單耶，是不是？

林榮基　本來就不應該很複雜嘛，你不也是吃個早餐、兩頓飯然後睡個覺，本來就這樣，最重要是要有書看，對我來講最重要的是這樣。

林榮基這個書店老闆，我猜，不是那種和藹可親，會推薦你看超人漫畫的那種書店老闆，而是那種自己看書看到入迷，有時還會跟顧客爭執，你書看得對不對的那種老闆。林榮基在一九八五年開始做書的發行，在一九九四年創辦了香港銅鑼灣書店，二十年後他將書店賣給了入籍瑞典的桂民海所成立的巨流傳媒，自己繼續留下來當店長。在我的理解，在二〇一四年銅鑼灣書店會被中共盯上，是因為賣了很多禁書。但林榮基不同意，他說那些不是禁書，一來香港有言論自由，沒有禁書這種事，二來在他看來，這些都是些爛書。

做書籍發行：沒有禁書，只有爛書，卻惹來麻煩

林榮基　比方很多我們看一些爛書啦！

范琪斐　爲什麼叫爛書？

林榮基　沒根據啊，你看完後什麼都沒有，你探討中國問題也不是探討，只是罵，只是想，你比方說，習近平在外面搞女人，你有根據嗎？沒有，都是想出來的。

當時書店的大老闆桂民海出版了很多這樣的書，在林榮基看來，這些書沒什麼根據，哪有什麼殺傷力，所以不但店裡賣，他還幫忙寄，有時他到大陸去的時候，還會順便帶過去。但後來，林榮基猜想，可能是有一本桂民海打算要出的書，出了問題。

范琪斐　你猜的那本書是寫了什麼東西？

林榮基　有可能是八〇年代習近平在福建省當副省長，那時候有人這樣說，中共中央想提攜

他，他要寫一個他的檢討書，他過去做了什麼事情，要完完整整地寫出來給中共中央，因爲每一個要提攜的人都要這樣做。有沒有可能當時也發生過一些男女關係，對中國大陸來講是很正常，有權力的人什麼都有，所以他有可能是他自己的手稿，有沒有桂民海花錢買回來，拿到那個手稿打算在香港出，因爲桂民海是中國大陸出來的，也認識一些大陸的一些可能有權力的人，如果是眞的的話，這個很嚴重，因爲你看那個時候才二〇一四、二〇一五年，他的權力還不穩定，他也有一些對手，對手會藉這個書出版來找很多藉口來攻擊他，影響他的權力，這個非常嚴重。

這裡要特別強調一點，這是林榮基事後推斷的結果，他自己沒看過那個手稿。總之，不管有沒有這本書的存在，確實有發生的是，就是在二〇一五年十月二十四日他去深圳看女友的時候，被中共逮捕了。隔一天就從深圳坐火車，被移動到浙江寧波，那十多小時的路程，他全程上手銬，戴著黑色的頭套，看不見但可以聽到其他乘客交談的聲音，他說他聽到有一個台商跟大陸的夥伴聊天，說一九八九年開放的時候生意很好，一天可賺一套房子，二〇一五年經濟衰弱，很多基金出問題，就不那麼好賺了。我覺得很怪，其他乘客看到一個人戴著黑色的頭套，旁邊一堆公安，不會覺得奇怪嗎？也許在中國不奇怪吧？我問林榮基他當時害不害怕，他說他非常地害怕，因為不知道要發生什麼事，但林榮基說接下來在寧波被審訊的那五個月，才最難熬。

范琪斐與林榮基

范琪斐　那五個月裡面我聽說有一段時間你很難受。

林榮基　很難受啊，後來北京派了兩個人來，說有可能你永遠關在這裡沒有人知道，你也不知道外面發生什麼事情，他當時給我一個罪名，說我違法經營書籍，寫一些悔過書啊……這個都不重要啦，因爲說你給我一個罪名，你判刑，你給我知道五年也好、十年也好，我還可以放出來。但是他後來跟我說，有可能就是不給你罪名，你永遠都關起來，送你到別的地方，壓力太大了，所以那個時間有三個禮拜都沒辦法解決，一直想……**但是後來沒辦法自殺，因爲牆都給封起來了**。

被中共從外地綁回中國，要求出賣訂書客戶資料

林榮基說那段時間，他不只想自殺，精神也開始不穩定，不斷出現幻覺。後來林榮基配合拍了認罪錄影帶，就被轉移到廣東的韶關，安排到圖書館去當志工，他一到韶關就被安排與銅鑼灣書店在香港的負責人李波、書店的工作人員呂波及張志平飲茶，他們都是被中共綁去的。李波算是小老闆，被要求給付每人十萬港幣，差不多是三十五萬台幣，作為他們在大陸被綁架時期的生活費。當天只有桂民海不知去向，後來才知道桂民海被判了十年，桂民海有瑞典籍，是在泰國被綁到中國去的，瑞典積極介入想把桂民海救出來，但中共堅持不放人，這造成本來很親中的瑞典與中國關係大壞，到二〇二一年現在還沒有恢復。

到了二〇一六年六月十四日，那時林榮基已經在大陸待了七個多月，他被要求回香港一

趟，主要有兩個目的，一個是林榮基的家人去報警說他失蹤了，記者問個不停，所以中共要他到警局去銷案，證明他沒有失蹤。第二，就是要林榮基去取回書店裡，一部紀錄著所有買書客戶資料的電腦，平常林榮基在紀錄這些敏感客戶的時候，會用一些暗語，所以中共要他親自去取回。

林榮基　因爲裡面有一些是公安、有中宣部，但是我沒寫出來，有一些名字也是假的我也知道，但是他們到底是什麼背景的我也不知道，因爲很多人過來買書，有一個公安的他拿了證件給我看，所以我都很清楚，有可能他們會查那些人的情況。

到了香港之後，本來的計劃是當天就得回廣東，正巧小老闆李波交給他的電腦拿錯了，為了拿回正確的那一台電腦，中共同意他在香港多留一天，這一天，對林榮基來講非常關鍵，他瘋狂地上網搜尋。他才知道銅鑼灣書店人員被綁架的事件，在中國大陸以外的地方被關注得有厲害，香港人上街示威遊行，很多外國政府都公開譴責中共。

林榮基　有的時候想起來老天都幫我，留多一天我就不一樣了，我就考量是不是要回去，那個時候一直在考量，到要離開要香港的時候，坐捷運去九龍塘站轉火車，所以就在轉車的時候跑出去抽菸，那個電腦在行李箱也拖著去，到了九龍塘跑出去抽菸在想，有三個可能可以做的事情：第一個是我躲起來不回去，後來想，香港那麼小的話我躲多久？不可能，有可能他們會像對待李波那樣派人把我綁走，我躲不了多久，這個不可能；又一個是公開這件事情，那後果是怎麼樣，第一個有影響的當然是我同事，李波啦，他們會有可能也會在大陸判刑；然後第三個有沒有可能離開香港，我沒想，因爲我沒必要離開香港，所以後來想來想去，**如果我不作聲的話他有沒有可能就派人過來把其他人帶走？**他可以把李波帶走，也可以把叫江波的、陳波的也可以把人帶走，這個很嚴重的，這個是違法的行爲，所以我想來想去，我認爲我可以做的就是公開這個事情，然後往後怎麼辦完全沒有想。

范琪斐　你爲什麼覺得公開這個事情很重要？

林榮基　因爲這個事情不是單單是書店的事件啦，已經影響到香港人在香港的生活了，中國大陸怎麼管制香港，中國大陸的國安、公安不能在香港執法，這個是違法的很嚴重。因爲他已經不是書店幾個人的事情了，是關係到香港其他人安全的問題了。你說我有沒有想到公開以後我怎麼辦？我完全是沒有想的，我抽一口菸，不行，兩口菸，不行，後來第三口，抽了一半，我發現應該要講出來的，我就拖那個行李回家。

林榮基馬上聯絡民主派議員何俊仁，當晚就開記者會說明失蹤的真相。

台灣獨立
I am Taiwanese. I stand for Taiwan Independence.
光復香港
FREE HONG KONG
REVOLUTION NOW
時代革命
日日是好日
牛轉乾坤
光復香港時代革命

范琪斐與林榮基

決定不出賣他人，擔起個人選擇的權力與風險

范琪斐　你堅持不肯給他們電腦的原因是什麼？

林榮基　出賣人家的事情我怎麼會做？這個不可能做的。如果我在大陸我有可能會做，因爲我沒有自由啊，一定要做，沒辦法不做，但是在香港就不一樣了，我可以選嘛，權力在我手上，這個是分別很大的。**共產黨最可怕的地方在哪裡，他不是害你那麼簡單，他害你以後還要把你變作一個加害者**，這個是最可怕的，明白嗎？我給你打劫，打完以後錢是我的，你可以離開沒事，他不是，打劫完後還要幫他打劫，共產黨是做這個事情，他不單單是害你，還要你成爲一個加害者，這個最可惡。他當時要我留在香港，往後要幫他做事，這個等於是要我成爲一個加害者，不是害我自己還害人，我怎麼可能去跟他合作呢？

銅鑼灣書店事件對很多香港人來說，是一個很重要的警訊，這表示中國政府不打算遵守一國兩制了，香港人對中國政府的疑慮越來越深，過了三年，也就是二〇一九年，中國強力推動送中條例，香港民意很反對，民主派人士舉辦的和平遊行示威活動，動不動就有百萬人響應，也一再成為國際媒體的焦點。在開了記者會，公布自己被綁架的過程後，就被中國通緝的林榮基覺得他應該要離開香港，不然會被送到中國。當時加拿大、德國、台灣都有朋友接應，最後決定來台灣，他在二〇一九年四月二十五日決定來台灣，之後沒有再回去過。至於香港，在經

過激烈的抗爭之後，港版國安法還是通過了，現在香港民主運動人士，沒走的幾乎都被捕了，我問林榮基為什麼選擇台灣？最近中共在台海軍事活動頻繁，他難道不擔心台灣步上香港的後塵？

林榮基　很多人把香港跟台灣同等起來，其實是很大的問題，香港沒槍沒砲不可以反抗，台灣有槍有砲可以反抗，台灣可以反抗啊，這個很重要。爲什麼不會反抗？但是你不反抗是你的自由，是人權，很多人會跑，特別是有錢的人，我也很淸楚，沒錢的人也會相當多地想辦法去跑，那是他們的權力。在香港我不能不跑，因爲沒槍，這邊我不用跑，因爲有槍。

范琪斐　你覺得你自己是一個很勇敢的人嗎？

林榮基　不是，一個正常的人，我不勇敢，我也怕死，我怕得要命啊，在中國大陸，給他關起來的時候，但是我有可以選擇的權力時，爲什麼會選擇一些違反人性的事？**我的教育跟我說我不能這樣做，這個很基本的，如果這個我都做不到，我以前讀的書不是白讀嗎？**我其實沒什麼所謂的要做什麼大事，從來沒有。我就是開書店、看書、寫點文章，其實我到現在沒有改變，只是外來的影響會很大，這個就是一個生活的波折，人生的一個波折，只是我看起來都過去了。

台灣銅鑼灣書店一隅的連儂牆，上貼有正、副總統的簽名與題詞。

那天我們跟林榮基談得很晚，離開時，他讓我們自己把門帶上，帶上門的那一刻，我看到林榮基瘦小的身形，被他書店中的千千百百本書包圍著，他正拿起一本書低頭要看。我也愛看書，睡前最後一件事，就是要看書，不知從什麼時候開始，我從書中得到的滿足感早已經超越了任何其他的娛樂方式，但我不知道，書，是幫了林榮基，還是害了林榮基？可是他的堅持，我想，我懂。

在後半段，我們要訪問的任瑞婷只有二十五歲，但在兩年前，她跟她的家人也做了一個顛覆他們人生的決定，他們決定拋下一切離開中國，成為難民。

中產階級小康之家，因信基督教被中共盯上

任瑞婷　我們家屬於是比較享樂主義，就是有了錢我們生活就過好一點，不一定有很多存款的那種，所以我們在大陸我們可以生活得很好，因爲那是我們熟悉的圈子，然後我們知道怎麼去租到一些很便宜的精裝房來住，大陸房租很便宜，弟弟就在教會的學校裡面上學，那是我們的舒適圈。

聽起來就像是一個沒什麼煩惱的中產家庭，為什要從中國出逃呢？這一切要從瑞婷十六歲時談起。

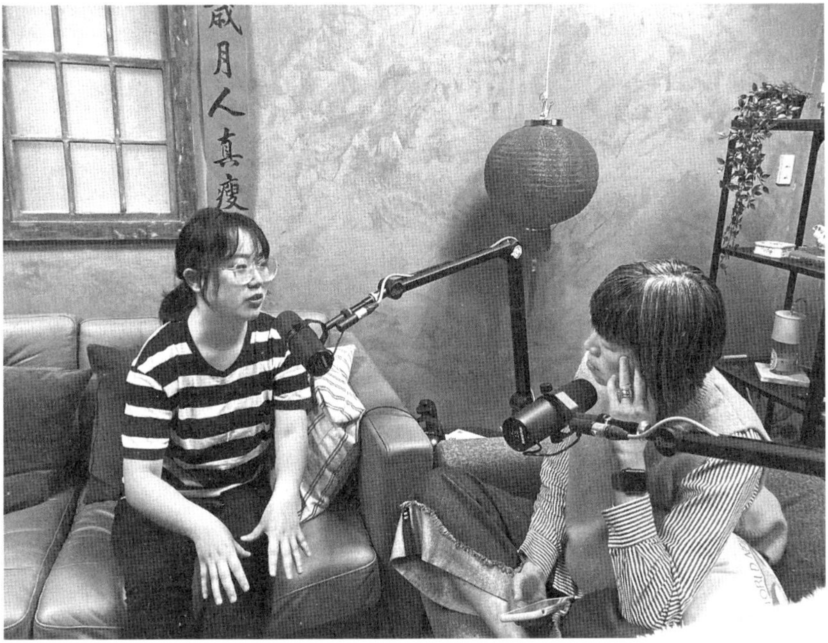

范琪斐與任瑞婷

任瑞婷　我小時候，其實家裡就有聽到關於基督徒的事情，可是當時呢，我十六歲的時候，有人邀請我們去我們家附近一個政府辦的三自教會，我去的第一次我就不想去，當時還太小，可是我爸就一直堅持去，可是那種地方就也不會講什麼，很眞的信仰的問題，只是大家一起禱告，然後唱唱歌，這樣我爸就很多年堅持去，可是生命沒有什麼改變。直到後來，他在《南方周刊》上看到王怡牧師的文章，然後他覺得，哇！這個人寫的文章、這些角度都好棒，他就去查這個人，發現這個人他最近成了一個基督徒，他有一個教會在成都，當時我們家在樂山，樂山到成都就兩小時，然後我爸就去了成都他們的教會，當時秋雨教會正好有開辦下午堂，所以我們每天上午從樂山出發，然後下午就到成都參加禮拜天的聚會，當天就回來這樣，然後我爸就先成爲基督徒，他慢慢再帶我成基督徒這樣。

范琪斐　覺得有事情怪怪的是什麼時候開始？

任瑞婷　我們教會之前每年都有六月四號嘛？爲六四、爲國家禱告的時候，可是每一年那個時候，我們牧師就會被抓。

范琪斐　每一年都會被抓？

任瑞婷　對。

范琪斐　你們牧師也眞了不起，每一年被抓，他還是每一年繼續。

任瑞婷　是，他就被抓，然後當時在群裡面看到那些代禱的消息說，牧師今天被抓了，然後我就很緊張。我說：「怎麼會這個樣子？就是一個禱告會就搞成這個樣子？」然後我爸就很淡定地說「六四」，然後我才第一次聽到「六四」這個詞，你知道很奇怪的是，**我從小長大，我家裡的一些長輩從來沒有誰提過六四這件事**，可是他明明經歷過。其實我們就是作爲普通的信徒的話，就會覺得，就算是壓力，應該也是牧師他們的壓力，不會到我們普通信徒身上。

瑞婷說，那時其實教會跟公安之間有一個默契，就是每次做禮拜公安就會來，但並不干擾教會活動，就坐在一旁聽，到後來教會甚至會給他們安排位子，但到了二〇一七年，中國政府提出了宗教管理條例，氣氛就不一樣了。

任瑞婷　二〇一七年，其實對我們基督徒來說，是一個比較重要的日子，因爲那個是宗教改革剛好五百週年，就是我們會有一些紀念的活動。那一年在香港、在印尼都有這樣類似的活動，可是那一年我們牧師就是很明確被限制出境了，甚至有教會的一些神學生，他想去香港參加這個活動，他在機場被抓到，然後被拖回派出所去，這個事鬧很大。這是第一次有平信徒首先他被限制出境，他還被帶到派出所這樣去鬧一天。當時我們教會的處理方式是，牧師去派出所，希望派出所給一個官方的合法的手續，就是你爲什麼要抓這個人，整個程序它有沒有合法這樣，可是沒有得到回應，那就愈來愈多我們教會的人聚集在派出所門口，我們也不鬧，我們就在那裡禱告、就唱歌，這件事情被官方形容成一個「圍剿派出所」，就是形容得很大。

到了二〇一八年，瑞婷所屬的這個秋雨教會組織了一個紀念四川汶川地震十周年的紀念活動，二〇〇八年發生的汶川地震共計造成近七萬人遇難，近兩萬人失蹤，受災人口達到四千多萬人。之後幾年，中國有很多聲音在質疑地震雖是天災，但到底有沒有人為疏失造成不必要的傷亡，我印象最深刻的，就是當時有數千名當地學生，在七千所完全倒塌的學校中喪命之後，很多外國學者去考察災區，指出很多學校的校舍結構鬆散，抗震能力極差，懷疑蓋的時候是不是有偷工減料，俗稱的豆腐渣工程。中國藝術家艾未未跟自發的公民團體還發起對「豆腐渣」校舍工程的調查，隔年艾未未就被失蹤了八十一天。當時的中國正在全面漂白政府單位在災情中的角色，秋雨教會要舉辦汶川地震的紀念活動，正趕上了這個敏感時機，所以當瑞婷去幫忙發傳單的時候，這一次連瑞婷自己都被抓了。

范琪斐　警察就來把你帶到派出所？

任瑞婷　其實不是警察啦，就是有他們那個什麼網格員的頭子，大陸他會把街分成一個網格一個網格這樣，就有點像小組長。

范琪斐　所以這個只是一般的民眾？

任瑞婷　對，**他們沒有什麼執法權**，**可是他們帶頭把我們都圍起來**，我們當時四個車嘛，就有一個車被攔下，那個車上有好幾個女生，我先生開另一個車，我就說我們停停，我們看看他們什麼情況，然後我就湊過去關心他們，結果我也一同被抓。

好在那一次，公安也覺得抓這些外地來的基督徒很麻煩，巴不得他們趕緊走人，於是訓兩句就放了人出來，但那之後瑞婷就發現，他們常常被跟蹤，果然沒過幾天，就發生了大規模的逮捕行動。

從個案的捉放，到大規模連坐的逮捕

任瑞婷　五月十二號，當時我們就有一個禱告會，可是五月十一號傍晚我第一次接到警察給我打電話，我也不知道他哪裡拿到我電話，他就說明天禱告會你不可以去參加，你去的話絕對會被抓，後來我們到教會群裡一問，大家很多人都有接到這個電話。而且你知道五月十一號當晚，好像牧師長老很多就被抓，就是有可能組織那個禱告會的人就被抓，因為我們很多消息都是在微信上，所以警察其實可能提前就知道我們那個活動，誰主持、什麼內容，就去把那些人很精確地抓走。可是那第二天，教會裡面還是有很多人很積極地去參加，可是去的人都被抓，那天之誇張，是一個大巴車停在我們教會樓下，去一個直接帶上大巴，然後一大巴就運到派出所這個樣子。

范琪斐　那一次抓了多少人？

任瑞婷　抓了有好幾百人吧？而且有一些是家長帶小孩一起去，整個小孩都被抓。不過我們教會那些小孩也很有種，就是有一個派出所是抓了好幾個家長跟我們教會的小孩，那些小孩也不怕警察，他們鬧得很，把警察局裡面的國旗都給搖下來玩。那個時候我跟我先生就趕緊從外地趕回成都，我們都想說完蛋了，明天教會絕對就不可能再聚會了，可能我們這一次就死定了，結果晚上的時候，陸陸續續大家都被放回了家，然後第二天我們又進到教會，我們覺得「哇好開心喔！」，可是我們後來想起來，那可能就是一次摸底，因爲警察的態度就是愈來愈兇，你知道那天、被抓那天有很多人是捱了打，就是被左右搧耳光這樣。

即使是這樣，瑞婷心裡還是很樂觀，總覺得以前也是抓一抓就放回來，甚至都沒有在派出所過夜的情況。

任瑞婷　十二月我們教會會準備聖誕節的活動，我記得十二月九號那天下午，我們還有在彩排那個話劇，因爲聖誕節我們要演話劇，然後當天晚上我跟我先生逛了一下回到家，我就看到說有一個同工被抓了，然後有兩個人想去關心他的家人，去關心的那兩個人也被抓了，然後現在牧師失聯了，我當時其實心裡還滿輕鬆的，因爲這種事情那年發生太多了，然後我就給牧師的姪女打電話，他姪女是住他們家，我說「你還好嗎？」他說他正在回家的路上，然後他跟我約定，半個小時後他沒有給我回消息說他還好，他有可能是被抓了，果然他就沒有給我回消息，我就打電話給他同行的人，他果然被帶到哪個派出所，我就跟我媽說，我要去派出所，我要去看看他，就卽便說我可能看不到他，可是我在那邊等他一出來，我就可以看到他嘛，我還拿了什麼厚的外套、拿保溫杯，然後錢、充電器就什麼都拿好，因為做好可能那一晚上不簡單的準備。然後我這一出去，我的手機就不停地接到各個消息，就是有人當時還在教會，有人在教會的學校讀書怎麼樣，各個方面的消息都跟我說，有警察在敲門，而且有好幾個人是發一發消息他突然就失聯了，那一晚眞的很緊張又冷，我手打字都在發抖的那種，然後就在那個車上，我手機就突然黑屏，再重啟，我當時覺得「欸？我手機就是壞掉了嗎？」還是怎樣，就在很緊張的過程中，我就去找我那個就是牧師的姪女，我朋友，那天晚上我沒有見到他，他是直接被送回原籍。

我想，我這個時候冒出去不是也會被抓嗎？然後也不知道在哪裡嘛，那我不如就躲起來，當時就有人還幫我躲起來，連我父母都不知道我在哪裡，然後過了快一個星期，那些人才陸陸續續地放出來，放出來的人跟我說，他們在成都附近的城市的一個學習中心，它有分二樓、三樓的這樣的房間，就像賓館一樣，可是它裡面所有東西都是拿軟的棉布包起來，包括洗澡的那個水龍頭都是藏在那個裡面，你要伸手進去才能開，就沒有什麼硬的東西給你，就等於說你沒有辦法自殺。當時我就想說，那即使是這個樣子，我也不要跑出去，結果那些警察也是很有辦法，他直接把我爸抓了，就是威脅我爸說「你女兒現在還不出來，我們只是想跟他聊一聊、見一見，他再不出來，我要以通緝犯一樣的抓他」，然後我就跟他約說「好，那我就第二天，我就跟你見面。」

瑞婷一到派出所報到，馬上被遣送回家，接下來十幾天都有人守在瑞婷家門口。

任瑞婷　其實當時眞的很緊張。那些人在我們門口二十四小時看守我們十多天耶，最誇張的一次聖誕節當晚，我媽當時帶著小弟就回樂山去躲著了，回老家躲著，家裡只有我跟我先生，還有我爸，然後我們有次出門吃飯，七個人跟著我們，你知道多威風嗎？我們三個走前面，後面七個人跟著耶，你買東西，他還眞的幫你提，這種生活眞的你很難去想像。

范琪斐　後來爲什麼決定要全家逃亡，發生什麼事情？

任瑞婷　那些人他在抓到我以前，已經進我們家，就像抄家一樣的東拍西拍，甚至我在外面逃亡，他以爲我躲在家裡，他把我們家什麼衣櫃、床下都翻過一遍，他就發現，我們家怎麼還有兩個那麼小的弟弟，我們家有個最小的小孩，他是收養的小孩。當時我們教會還有另一個家庭，他們也是有收養幾個很可憐的小孩子，可是呢，他們不像我們一樣有辦正規的收養證明，因爲他是孤兒，小孩是沒有父母的，只有爺爺奶奶，可是爺爺奶奶沒有照顧能力，他們只有跟爺爺奶奶簽協議說，他們自願把四個小孩扶養成人，而且還是在政府官員的見證之下，可是這個不算是收養證明嘛，結果成都的政府就以這個小孩誤入邪教爲名，把四個小孩送回原籍了，送回去還不夠，他後來在成都的那個父母都沒有辦法看他們，然後去關心他們。而且那四個小孩中，有兩個小的，迅速地就被送到其他家裡去了，就等於四個人就這樣分散，我們就覺得這個事情簡直是太可怕了。我們家那個小孩，他是從福利院抱過來的，**如果我們再讓他回到福利院，那件事情太殘忍了。**

擴及家人的抄家與拆散威脅，升起了出國逃亡的打算

福利院就是孤兒院，瑞婷的父母收養這個小弟弟的時候，他只有十五個月大，有先天性的腫瘤。

任瑞婷　我們最害怕就是他被送到福利院，這個樣子我們就再也沒有資格去照顧到他，中國人其實沒有收養文化，他是非常信靠血脈相連這件事情，再加上中國計劃生育很多年，三個孩子的家庭在中國真的很少，那一旦他被送回福利院的話，可能也沒有父母會再去領養他，對他來說，他可能就是這樣孤兒的一生在福利院長大。

其實不只小弟弟有事，當時是十歲的大弟弟也有事。

任瑞婷　當時我弟弟其實是在基督教的學堂上學，教會被取締以後學堂也沒有了，我們那邊管我們的警察就逼我們一定要把小孩送到公立學校，而且還給我們一個空白的錄取通知書，意思是成都所有好學校你隨便可以填，而且還說，如果你不送孩子去公立

學校的話，我們就會說你這個父母違反了義務教育法，然後會把你父母拿去關，然後你小孩就成孤兒，我們就會給他更換監護人怎樣。如果我們家只有我那個大弟弟，我爸覺得無所謂，十幾歲的小孩了你給他拿出去他還是我兒子啊，他也不會認別人當爸媽，可是小的那個就不一樣，這就是很赤裸裸的威脅，當時是第一次我們覺得沒辦法，就是我們即使跟他說，我們不去聚會了，我們就在家好好的，也不見會友，可是他還是有不停的有情況要來逼你，就是**感覺我們已經上了一個什麼黑名單就逃不過了，所以那是第一次我們決定要走**。

但從決定要走到真的走，還是花了四、五個月的時間籌劃，要走，去那裡？去多久？以後怎麼生活？這中間瑞婷一家人想過去美國，因為美國教會有朋友願意接待，但簽證簽不下來，後來又想去泰國，因為聽說到泰國比較容易申請難民身分，但瑞婷去了一趟泰國發現不可行，在泰國沒有人脈，瑞婷連父母、兩個弟弟，再加上瑞婷的先生，一家六口人要怎麼生活？又因為怕被人發現，也不敢到處問，後來是因為瑞婷到了泰國後，連繫上美國的人權組織，他們建議瑞婷一家到台灣來，建議他們先到台灣來，台灣也有教友願意接應，於是瑞婷一家申請了台灣的醫療簽證，先來台灣，再想辦法辦簽證到美國去。

在這個時候，整個秋雨教會的狀況也愈來愈緊張，十二月中教會的牧師王怡和師母蔣蓉被捕之後，本來以為會像之前那樣放回來，但這次就是完全沒有下文，很多信徒和家人都被監控。王怡最後被判了九年，還有一位姓覃的長老被判四年，但這是瑞婷一家人離開中國之後發生的事了。

一家六口，全家家當只能放在四個登機的行李箱

我不知道一個人在這種情形之下要怎麼打包行李，要多大的箱子才能把你過去二十多年的生活打包進去？我二十五歲從台灣到美國去念書的時候，以為只去兩年，已經打了兩個超大的箱子，你知道，就是那種人都裝得進去的那種大箱子，從美國回來的時候，我甚至得包海運公司的貨櫃才運得回來，在瑞婷的情況，他只能帶一只登機箱。

任瑞婷　我一個行李箱，我先生一個行李箱，我爸媽加兩個弟弟，一共才兩個行李箱，就我們一家六口只有四個箱子，我們就從大陸出來了，以前我在家，我覺得我們家條件還是不錯，我的房間裡面一面牆全是書，一面牆全是衣服，然後廁所裡面我有個很大的櫃子，全是我的化妝品，可是我現在只能在所**有我愛的東西裡面挑出幾樣很小的放在一個小箱子裡面**，我當時就覺得哇！好矛盾，就那種很悲傷的感覺一下子就冒上來了。

其實當時就是要選擇帶什麼東西我心裡還好，因為我心裡想說，我只要帶了錢以後還可以再買，就是那些是身外之物，可是你要去見你的親戚跟朋友，你知道那是最後一面，可是他們不知道，那個時候是最難過的，

因爲我爺爺奶奶是生活在成都嘛，所以我們去跟他們掰掰以後，我說我是要回樂山，他們就覺得好像還好，**他們不知道那是最後一次**。

范琪斐　可是你心裡頭知道。

任瑞婷　我心裡知道，我知道那是最後一次，然後我就跟他們說，你要好好照顧，就好好照顧自己，你要注意你的身體。你不可以表現出來說我們這是最後一次見面，我很傷感，可是你又想要做一些什麼動作，讓他們、讓你自己覺得你可以記住這一刻，這一刻我覺得是最傷感的。

二十五歲，應該還是個跟祖父母外公外婆撒嬌的年紀，但卻要強顏歡笑去演一場生離死別的戲，我聽了很心疼，但他說，他的先生應該比他還要難過。

任瑞婷　因爲對於我來說，我是跟我父母跟我弟弟，然後跟我先生在一起，我眞的是一個很幸運的人，可是我先生是他們家獨生子，他就是離開他父母了，他可能要十好幾年才能見到他父母，而且他父母也現在也沒有住在老家，一直在外縣市，因爲如果回老家的話，可能會因爲我們的緣故被警察找到，所以我覺得他心情應該會比較複雜。

與上一代的別離，換來下一代的安穩成長

范琪斐
任瑞婷

那經過這一切，你現在覺得值得嗎？

我每當覺得這樣很傷心的時候，我就看看我小弟弟，你知道他現在在台灣多幸福嗎？他在台灣上幼稚園，然後上到中班，他們幼兒園最近還搞什麼音樂會，然後他很開心，還去唱什麼〈奇異恩典〉，我們當天晚上還要給他搞髮膠，他就超開心，我們就覺得上帝其實很愛他，他過得很好，所以有時候你眞的就要去做一些取捨，可是我覺得目前我在台灣生活快兩年了，我沒有後悔我之前做的那個決定。

我覺得在那邊生活就是，如果我還是沒有信主，我就跟普通的那些抵制 H&M 的青年一樣，我是可以過得蠻開心的。可是呢，我信了主之後，我看到這個國家很多眞相，看到了關於六四的眞相，親眼目睹了我們教會，牧師是怎麼含冤入獄，我們是怎麼被那些人貼身跟蹤的，警察隨時想讓我們去派出所給我們一頓洗腦，他隨時給你打電話，你如果不服從，他就拿一個條子過來抓你，你可能就在派出所那個鐵椅子上鎖二十四小時，或者甚至是，你被抓去行政拘留十四天。我覺得沒有法治的，他任何時候想這麼搞你就這麼搞你。**他不停地在找你的弱點，我們家那個收養的小孩就是我們家的弱點**，這個弱點我覺得，我一定要保護到他，可是卽使我們家沒有這個收養的小孩，他也會找我們家其他的弱點。

我一直有個想法，就是難民只是為了要追求好一點的生活，安全一點的生活，才到別的國家去的，這有什麼不對？但瑞婷說，這個理由對她來說不夠。

任瑞婷

我不想要用一種世人看我的未來好不好，我的生活質量好不好，這樣去評斷我的生活值不值得，當然我離開中國以後，在台灣雖然我就算是一個難民，我現在其實過得都很舒服，因爲不僅是在台灣受到了很好的照顧，而且**我看到台灣很多民主的，就是整個社會很包容的那個風氣，都讓我覺得很舒服**，可是我不想用這個東西來評判值不值得。我當時是有考慮過，我會想說，耶穌會喜歡我這樣出去嗎？就有一個經文就浮現說，「凡事都可行，只是並不都有益處」。我當時就想，那如果我們出去可以保護到這個弟弟，他可以很健康地成長起來，我覺得這是一件很棒的事情，那後來我眞的到台灣來，我覺得就是讀萬卷書，行萬里路嘛，可能上帝帶我來這裡是有祂的旨意，就是我不用去承受在中國的那些被跟蹤、被騷擾，然後信仰得很艱難的那種情況，那可能我也有我的其他使命，**我希望把我現在看到的一些東西，我覺得對中國人有益的，我要把他帶回中國去**，我不能說我自己跑出來，我就過很開心的生活，我就覺得很值得了，我是希望把我收到的益處也帶到中國去。

瑞婷現在偶爾會幫我們看看稿子，我們寫到有關中國的故事，經瑞婷稍稍潤色過，中國的在地味就強烈許多，我們其實也付不了很多錢，一來我們也不是多有錢的單位，二來是台灣的法律規定，像瑞婷一家人這樣的狀況，在台灣是不能工作的。

我常聽人說，人是自私的動物，在關鍵的時候一定是先想自己，但我看林榮基跟瑞婷一家人，他們在做這個明知會顛覆自己生活的決定，在這個關鍵的時刻，他們想的，真的是自己嗎？

故事・十一
我是捐精超人

我沒有孩子，這個決定是什麼時候下的，我已經不記得了。我只記得十多年前，我跟我的老公蘿蔔頭談到結婚的時候，曾經有這樣一個討論，他問我：「你想不想生小孩？」，我說：「不想耶！」蘿蔔頭說：「我也不想。」整個過程不到三十秒，這就是我們夫妻兩人對要不要生小孩這件事最認真的溝通，也是唯一的一次溝通。

這麼多年來，我看我身邊很多朋友跟我一樣，早早就決定了不生小孩；但也有很多朋友，即使客觀條件很困難，還是很努力的要生孩子。宗翰就是這樣一個例子。

宗翰是同志，三十六歲，從事新聞工作。我跟宗翰就是因為共同主持節目認識的；他跟他的先生在五年前結婚，去年兩人決定要生孩子。同志要生自己的孩子，以現在的科技一定要透過捐卵跟代孕；由於台灣的法規，規定同志不能接受捐卵，於是兩個人決定到美國去尋求協助。

從尋找卵母到代孕生子，無法預期的事情太多了

范琪斐　所以你在找卵母的過程裡面，有沒有一些什麼 criteria，就是她的部分，你覺得應該要有一些什麼標準？

鄒宗翰　最重要的還是健康。我覺得很有趣的就是我們在看這些檔案的時候，有時候不知道欸，就很像在看那種交友檔案，很難說清楚有什麼明確的 criteria。雖然那個卵母的機構有問我們，然後有大概給我們一些指標就說，你應該要看一下她的身高，看一下她的血型，看一下她的種族啊，看一下她的學歷這樣，但最後我們還是比較靠感覺；看了一個很順眼的，然後後來有進行 Skype 的通話。那我們最一開始其實是挑了一個非常年輕的二十三歲美國的女生，但是她跟我們 Skype 見面的那一天，她就是突然消失了。那卵母機構就講說，有些很年輕的人。她們雖然說要捐卵，但是她們可能還沒有想清楚。所以後來我們是找了第二位，二十六歲的一個美國女生，然後才成功找到我們要的卵母。

范琪斐　你覺得最挫折的是什麼？

鄒宗翰　最挫折的我我覺得就是無法預期的東西太多了。我剛才講，我們找到了一個很順眼的卵母嘛！跟她聊得也很開心，她對於性別平權也非常的有意識，就覺得哇，就是一切都是非常的完美。但後來才得到醫生的報告就說，其實她上一次捐卵的那個捐卵數很少；那因爲捐卵數少，其實它會影響到後來成功的機率。那她的少是，已經

有跨過邊緣的那種，所以那是第一個打擊。那第二個打擊就是說，我們知道說，她的祖父其實有攝護腺癌的歷史；那我們就說健康很重要嘛！但是後來我們也請教了一些醫學專業人士就說，男性都會有攝護腺的問題，所以這個也不是太嚴重。（笑）

范琪斐　當初她爲什麼捐卵這件事情？你覺得對你是重要的。可是我老實講，我在想的時候我會覺得，爲什麼重要呢？她爲什麼捐，跟她的卵子的品質並沒有關係，可是爲什麼這件事對你是重要的？

鄒宗翰　我覺得它有一個很明確的影響就是，像我們當初在尋找的時候是要具名的捐贈者，那她爲什麼捐，也決定了說她跟我們的互動模式，**因爲我們希望我們的捐卵者在未來跟孩子是有互動的**。如果她眞的只是爲了賺錢，或是說喔，她就是一個興趣怎麼樣，她沒有想到未來可能要跟有跨文化的家庭做聯繫的話，我覺得對我們來講，會是不一樣的意義。

范琪斐　所以你其實基本上，是有把這個卵母規劃進將來你孩子的生活裡面嗎？

鄒宗翰　可以這麼說，但這也是一個很微妙的規劃。因爲我們現在有捐卵者嘛，往後也有代孕者，雖然我們中文都說卵母孕母嘛！但是比較中性來講，他們就是幫忙我們生這個小孩，所以我們希望跟她們有互動，但那種互動又不是像她們眞的是媽媽的那一種互動。所以現在也很難說，……我們會完全誠實告知孩子他的身世，可是我們也在拿捏說，跟這個捐卵者或是代孕者的互動要到什麼程度。

范琪斐　嗯，那你如果發現，這個卵母有一些資訊，跟你知道的不一樣的時候，你感覺是什麼？

鄒宗翰　我覺得會非常非常挫折之外，可能會也很生氣，那因爲中間也有卵母的機構嘛！所以就會覺得被欺騙。如果眞的這樣的事情發生，然後甚至是進一步，因爲畢竟我們是有商業合作的嘛！就類似像這樣的過程，所以也可能跟他們要求賠償啊等等。

范琪斐　可是，你覺得要知道到多少？就是說這個東西很困難啊，你當然是儘量瞭解對不對，可是能夠知道到多少呢？

鄒宗翰　這個說實在我們也不曉得，因爲我們後來才發現說，有很多東西是我們後來才會知道。比如說，最近他才剛做完她的基因檢測，那裡面她的基因也有一項是等於說，如果跟我們配對，我們有那個基因問題的話，那小孩子就會有這個基因上面的問題。那所以我們也不曉得知道能夠到多少，但是就是至少在健康方面，能夠盡力地去保證這個孩子是沒有問題的，我覺得這個是我們的期望。

范琪斐　我記得你有講說你那個卵母，你看時候光看照片而已嘛！這個你的資訊，你自己想像中的這個人，跟眞實的這個人可能會有一些差距。

鄒宗翰　喔差很多，我們一開始看到她的檔案，從檔案照片就跟交友一樣，她看起來是一個好像比較有藝術性格，比較冷的一個女生。然後因爲她提供了一張跟他爸爸的合照，她小時候嬰兒時期跟爸爸的合照，所以耶，會猜測他們父女感情很好，所以很多東西是你自己腦補的；那等到我們跟她 Skype 通話的時候，就是看到那個框框，那也有進一步的互動，可是也不是知道她所有嘛，所以後來看她照片上，她摸一隻貓的照片很可愛，但是也注意到她手部有刺青，那就會覺得說，耶，她也許比我們想像的更叛逆。**所以那個東西好像是拼圖一樣，一塊一塊拼起來的**。

范琪斐　這個是加分還減分？

鄒宗翰　你說有刺青嗎？（笑）其實我當然是希望說……嗯，我自己在那時候才覺得說，喔原來對我來講會在意這件事情，因爲刺青就可能會有比如說，血液感染的風險嘛！但其實我一般對於朋友刺青是沒有任何意見，我自己都想去刺青，可是當我看到未來的卵母身上有刺青的時候，我發覺我居然介意這件事情。

范琪斐　我問你喔！另外一個是，我知道在卵母，可能這個問題少一點，可是你如果知道你這個卵母，她以前已經捐過很多了。就是說，你的孩子會有很多很多很多的兄弟姊妹，這個對你來講有沒有影響？

鄒宗翰　我覺得要看多多少，因爲卵母的話通常都是有經驗的會比較好嘛？因爲她不像捐精一樣，打一打就有了。其實捐卵過程蠻辛苦的，所以那時候在尋找卵母的過程，他們卵母機構跟很多專業人士也建議說，有經驗也是好的。但你說，如果像比如說到超過什麼一百個，已經像是工廠流水線生產，我就覺得有點怪怪的。

范琪斐　太多也是不行的。

鄒宗翰　對，就會覺得這個孩子他變成了一個，好像機械式生產下的產物，好像他不是獨一無二的感覺。

范琪斐　爲什麼獨一無二很重要？

鄒宗翰　因爲每一個生命都應該是獨一無二的。那如果是有任何人是，就是這樣固定產製，喔每週就是產出多少的小朋友，我覺得這樣……就說不上，好像有哪裡怪怪的。

決定生孩子是因爲喜歡小孩，想看自己的後代開枝散葉

剛剛講的都還只是精神上的壓力。事實上為了生這個孩子，兩人預計整個代孕的過程，可能要花上四、五百萬台幣。宗翰說，他是把他將來的養老金都壓上了，還把老公拉進來。他有時會覺得很過意不去，而且他也很清楚，孩子生出來也不一定保證愛你，或是一定是個好孩子，但還是充滿期待地要迎接孩子的來臨。我忍不住要想，這麼辛苦是為什麼呢？以前常常有人問我：「你難道沒有英文說的『urge』？」，就是說，你生理上就會告訴你說，你需要做母親。我從來沒有，真的沒有。所以我看到宗翰這樣，要為一個沒見過面的人，承諾一生為他付出，我很想知道他的動力到底是什麼呢？

鄒宗翰　最大的動力就是……我覺得，我說不出來耶！可能我覺得，我就是很喜歡小朋友，然後我也很喜歡我兄弟姊妹的小孩，那我也會很喜歡我自己的小孩。就我說不出來爲什麼，他好像就是一個一直……因爲我本來以爲我是同志，所以我沒辦法有小孩。然後後來發現有這個機會之後，我就覺得有一種這種莫名的追尋，我說不出來。我倒想要知道，爲什麼會有人不想要生小孩。（笑）

我覺得就是對於人生的想像吧。如果我這樣來想的話，因爲我就會覺得，嗯，在我的人生的藍圖裡面；我有小孩，然後我小孩；**我也希望我小孩有他的小孩，然後我未來可以看到我的孫子**。所以現在就是，他就好像是一個希望，這對我來講啦！對我跟我老公來講，然後這個希望就會降臨在我們的家中。現在因爲有小孩這個目標，我們的生活其實充滿了動力。就是我們的生活目標現在設定要努力存錢；我們開了一個帳戶，存小孩的基金。像我也開了另外一個帳戶買美金，爲什麼？因爲要去美國接小孩要花很多錢，就是因爲這個希望，然後給了你很多行動的動力跟idea，就是好，我要做一二三四五六七八九。不過，回想起來眞的是，眞的是很不容易。

當我問宗翰你為什麼一定要生孩子，他回答我：「我才奇怪你為什麼不生孩子？」這個答案我覺得妙極了。我想要不要生孩子，的確是一個只能自己問自己的問題吧！但接下來，我們要去訪問一位很愛生孩子的Ari，他有多愛生呢？他有七十多個孩子，散布在世界各地。這個數字我們沒有辦法很精確地告訴大家的原因，是因為每個月都在增加；在策劃這個故事的時候我就想，還有誰會比宗翰更適合來進行這個訪談呢？

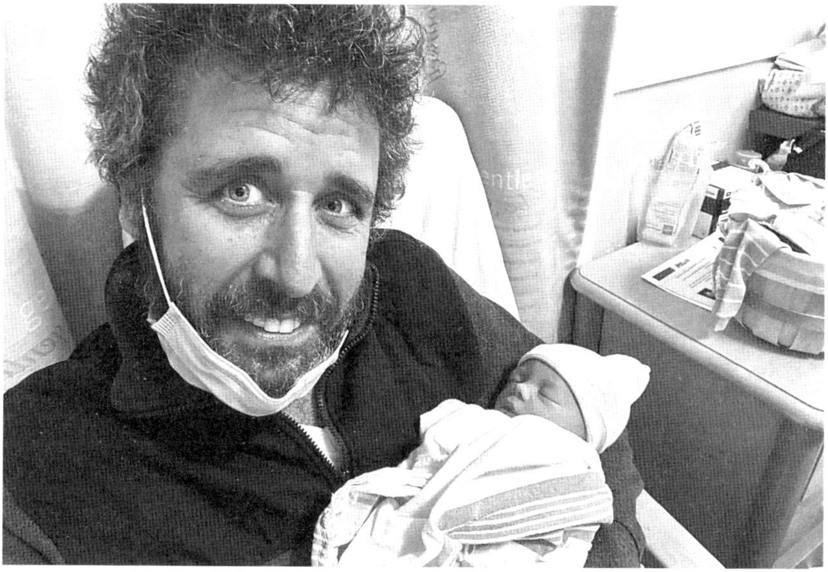

Ari Nagel與他的小孩

身為「超級捐精者」——從渴望擴張家庭到想助人體驗愛與快樂

范姐跟我講說他很想知道為什麼人想要生小孩，我就想起了一位把捐精當作慈善、協助生育當作事業的名人——四十五歲的紐約市立大學數學系教授 Ari Nagel，他是全球知名的「超級捐精者」。

Ari Nagel　我叫 Ari Nagel，住在紐約，然後我在二〇二〇年生了二十個小孩，上個月也有三個孩子出生，他們是我第七十五、七十六和七十七個小孩。我這個星期預計還有一個小孩要出生。我目前人在麻州，兩個小時後我還要去一個人工授精的門診，在波士頓附近，那這個媽媽，我之前其實已經幫她生過一個小孩了。

視訊鏡頭裡面的 Ari 看起來很隨性，本來上半身沒有穿衣服的他，聽到我要開鏡頭跟他視訊，才趕快拿了一件襯衫披上，整個人看起來很瀟灑。Ari 看起來比他實際年齡年輕很多；講話的速度很快，聽起來很聰明。

Ari 雖然是全球知名的「超級捐精者」，但他捐精是分文不取，還願意配合需要受孕的媽媽到處去旅行。雖然單身女子跟女同志透過人工生殖的費用已經比我們男同志少了十倍，大約是五十萬到一百萬左右。但對於許多女生來說還是一筆很沉重的負擔，所以 Ari 的出現對她們來說，就像是天降神兵。

Ari Nagel　上個月，我去辛巴威幫一個女生，然後我這個月又再飛去奈及利亞幫另一個女生，因爲現在的新冠肺炎疫情，我不用親自到學校教課，可以用網路教學，所以我有更多時間可以旅行。一月的時候，我去了剛剛說的辛巴威和奈及利亞，還去了美國幾個不同的州。去年十二月的時候，我去了一個叫喬治亞的國家，在土耳其和俄羅斯邊境那邊；之後我還去了巴貝多，一個很漂亮的加勒比海島嶼，風景眞的很美。然後在十一月，我去了俄羅斯。

短短幾個月就跑了這麼多國家，這根本就是環遊世界去捐精，非常不可思議。在訪問的過程中呢，我也發現，Ari 還有一個我自己在找捐卵者也非常在乎的特質，就是他是具名的捐贈者。也就是說，他除了幫助這些媽媽受孕；孩子出生之後，他也願意跟孩子保持聯繫。我問 Ari，他七十七個小孩子的名字都記得嗎？他對這個問題嗤之以鼻。

鄒宗翰　你有他們的名單嗎？你如何能記得著他們所有的名字？

Ari Nagel　我眞的記得我所有小孩的名字。當然，我是大學教授，我教數學，每個學期結束的時候，所有學生的名字我都記得。就算這個學期有一百個學生，可是你跟他們相處幾個星期，每天點名點到最後，你就會記得他們所有人的名字。那你說我的小孩們，當然我跟他們在一起不只十二個禮拜啦！我跟他們在一起這麼這麼多年了，所以我當然會記得他們所有人的名字。我有一個文件，上面有他們的生日、聯絡資料還有地址或是媽媽的照片，我也會用谷歌表單追蹤媽媽的預產期還有要使用我精子的女生。

其實我自己也考慮過捐精耶！我曾經跟女同志朋友聊到這個問題，我說如果你們需要的話，隨時可以找我。因為我自己體驗到，要去找捐卵者、沒有辦法自己生的那種痛苦。所以如果我身邊有任何朋友需要我的精子，我絕對是義不容辭。但是如果你問我，會不會想像Ari這樣子一直不斷提供自己的精子？我不曉得耶，我在看Ari的時候，忍不住會想，這個人是從小立志要當捐精人嗎？

鄒宗翰　你曾經這樣想過嗎？你會成爲這麼多的人的父親？

Ari Nagel　我年輕的時候，眞的眞的從來沒有想像過會變成這麼多人的父親。我在一個非常傳統的家庭長大，我的父母是有信仰的——猶太人，我是在猶太社區長大的。以前在我的學校，每個人看起來都跟我沒兩樣，說話也很像，宗教信仰啦、種族啦，反正什麼都一樣。我那時候想說，我就會跟大家一樣長大，二十多歲結婚，然後組成很傳統的家庭。

但是呢，我在十七歲的時候遇到了一場車禍，摩托車的車禍。有人闖紅燈，然後害我腿斷了，那因爲是他的錯嘛！他就付了七萬美金給我，還是保險公司給付的，我都不用告他們喔，我一毛醫療費都沒出到，因爲我的保險有給付，所以那七萬美金算是精神賠償。現在想起來，我應該用那筆錢買一支科技股，但我花掉了。我沒有一次就亂花光，我把它花在旅行；去了四十幾個國家，去了德國、去了台灣，基本上走遍了世界每一個角落，那感覺真的很棒。

總之我花了幾年的時間，把所有錢都投入在環遊世界，但也是在這個過程中，**我好像失去了原本的信仰，我不再是虔誠的猶太人**。我看到這些世界各地其他的信仰，我想到我長大的猶太社群和我那些同學。你知道，那些同學的背景都跟我差不多，就是一群去念男校的白人猶太男孩。

但你現在看看我捐精來的家人，他們種族都不一樣，有不一樣的信仰。我的這些家人也有各種性向。**在我現在的生活裡，文化更多元也更有趣**。那我想可能是，這段經歷打開了我的捐精之路，讓我跳出框架思考，而不是用傳統的方式生活。

這一趟環遊世界之旅，讓他對於應該原本平凡無奇的一生有了新的想像；但我覺得，真正促使他成為一位「超級捐精者」的，還是一份來自大家庭的愛。

Ari Nagel

我覺得在一開始的時候，我是有一種想擴張自己家庭的渴望。我來自於一個大家庭，有四個兄弟，兩個姐妹，然後他們總共加起來生了二十七個小孩。我所有的兄弟姐妹都結婚了，都是非常非常傳統的那種。可是像我現在捐精生了一個男寶寶，之後又生一個女寶寶，然後又再生一個男寶寶；一個接一個生下去，我覺得到現在這種程度，那種想要擴張家庭的感覺已經不一樣了。

像我現在已經有七十七個小孩了，如果有人又來找我幫忙生一個，對我來說再多一個沒差啊！他們也不在乎我生過幾個，重點是他們一個小孩都沒有，他們無法體驗那種孩子所帶來的快樂和愛。所以說，**如果我能夠幫助她們，讓他們懷上孩子然後體驗那種愛和快樂，這對我來說真的只是一件小事而已**。

男生應該都有打手槍的經驗，但是我沒有想到，Ari 可以把打手槍這件事情變得這麼有意義。他說，他的精子對他來講真的是非常有力量，可以帶給這麼多人幸福。

不只是「散播種子」，也盼孩子成爲自己生命的一部分

捐精超過十二年的 Ari，算著說自己到二〇二一年二月，已經又讓十四個女生懷孕，也許很多人會懷疑他是不是自戀或者是有什麼帝王家族夢，但可能是我自己的經歷吧？我很理解找他的女生想要生個孩子的心情；更何況他不只是一位捐精者，他還常常在網路放上自己和世界各地孩子的聚會合照。在他幫忙一對台灣的女同志懷孕後，還曾飛到亞洲來關心他們。

Ari Nagel 這個寶寶一歲的時候，我飛去亞洲，然後我們一起慶祝生日，有機會可以見到寶寶，我覺得其實還滿開心的。那因爲其中一個媽媽是馬來西亞裔，所以她們是先在馬來

西亞待了幾天，然後我們才在泰國見面，那個禮拜剛好有母親節、父親節，還有我女兒的生日，是泰國的母親節、台灣的父親節，然後我女兒的生日也剛好在那週，所以我們就慶祝了一整個禮拜，我們每個人都有自己的節日可以慶祝。

他說，這對住在台灣的女同志等疫情結束，還想要找他生第二胎，真的很神奇。Ari 這樣來者不拒的慈善捐精者也受到媒體的廣泛報導，有人甚至還開玩笑用「sperminator」（精子戰士）來形容他，但是他一點都不在乎。

Ari Nagel　當然啦，我的孩子不會叫我精子戰士，而是叫我爸爸。我跟孩子在一起的時候很開心，他們也會很期待我和他們相處，不過有時候也會難過，因爲我當然會覺得他們值得有一個全職爸爸，但我卻不能時常陪在他們身邊，尤其是他們要離開的時候，我會特別地難過，也會掉眼淚，那這些都是外界看不到的。你知道，我會接到孩子們的電話，來自美國各地的孩子，他們會說：「你今天能來看我嗎？」對啊，這就沒辦法。比如說，我們如果距離快兩千公里，要見面就眞的不容易。你總不能一天到晚在意那些讀了《紐約郵報》的人怎麼想；那些陌生人，我覺得啦！最終我只要在乎我的小孩怎麼想，或是他們的媽媽怎麼想，這些對我來說是家人的人怎麼看我，才是最重要的。

Ari Nagel與他的小孩們

我開始理解這些找到 Ari 的女生為什麼會為了這個男人瘋狂，甚至還組成了一個俱樂部，定期舉辦家族聚會。因為對這些本來不可能會有下一代，大多社經地位很低的女子來說，有了一位長相不差、教授級的免費捐精者，還願意花時間跟孩子相處，實在是夢寐以求。不過，Ari 讓這麼多的孩子叫他爸爸是有代價的；他被五名他幫忙過的女子控告，而且必須付出薪水的一半作為這些孩子的贍養費，但是他並不後悔。

鄒宗翰　你曾經被五個母親控告過？對你來說，一定很受傷，對嗎？

Ari Nagel　這些錢也算是要給我孩子的，不是拿去繳罰單或怎麼樣，如果我被開罰單，我會心痛，會想說：「喔天啊，紐約市又不需要我的錢！」但如果我每個禮拜付這些錢，會給我的孩子更好的生活，那這筆錢我就比較花得下去。不過當然啦，這跟我們當初談的不一樣，而且這的確造成我經濟的負擔。如果看我的銀行戶頭，你可能會覺得，嗯，我很可憐。但如果是看我的人生，我一點也不覺得自己可憐。**我的人生充滿愛和幸福，而且我還可以經常旅行，我真的一點也不覺得自己可憐**。

捐精捐到被告，沒收到錢還要幫忙付錢養小孩，真的是前所未聞。我問他還會不會怕被告？他展現出一種數學教授獨特的幽默樂觀。

Ari Nagel　美國法律的規定是，我要付薪水的百分之十七給我的孩子當贍養費。假如說我的年收入有十萬美金，第一個告我的那個小孩一年可以拿到一萬七千美金，但這樣的話，我的年收入就只剩下八萬三了。所以下一個告我的孩子，就只能拿到八萬三千的百分之十七，然後以此類推，再下一個告我的就只能再拿剩下的百分之十七喔！所以像我二〇二一年的現在，要付給九個孩子贍養費，我的薪水就只剩原本的一半不到，當然還有兩萬塊錢是要拿來繳稅的。

所以以現在可以拿到的錢來說，應該沒有媽媽會想要告我。那些女生如果想要錢，可能得要去找別人。我已經很多年都沒有新的撫養訴訟案了，眞的就只有一開始那幾個人而已，其他人都沒有告我，所以眞的也沒那麼嚴重，全部也只有五個人告我，每個禮拜拿贍養費拿了二十一年，只有這五個人想要我的錢，那對我來說，另外的七十幾個人，沒有告我的這七十幾個人，才是最重要的。

爲了讓孩子誕生，捐精者還面臨到假結婚等風險與爭議

有時候不只是法律跟經濟上的風險，當有女子需要正當理由懷孕時，為了孩子順利出生，Ari 還會冒另外一種險。

鄒宗翰　所以你曾經結過婚嗎？是什麼樣的人呢？

Ari Nagel　我結過幾次婚，有時候是因爲對方的宗教信仰，有時候是因爲家庭或是法律的關係。當然你眞的要說的話，這可能不太符合猶太教規。**但我沒有騙人，跟我結婚的人都知道這不是眞正的婚姻，只是爲了讓他們能夠更順利的當媽媽，所以只好假結婚**。而且我相信這件事，在未來還是會發生。

我最近幫忙一個女生受孕，一個阿富汗女生，她住這裡，住在美國，但她爸媽很傳統，他們是非常非常虔誠的穆斯林。意思就是說，如果這個小孩不是因爲結婚生下來的，他們不會接受這個孫子或孫女。我們現在還在等她懷孕滿三個月，下個月我會去找她和她的家人，那到時候會有一個伊瑪目——一個伊斯蘭教的領袖幫我們舉行婚禮，這樣他的爸媽才會接受這個小孩。

對我來說，**我不用付出很大的代價，就可以讓這個小孩的人生有爺爺奶奶積極參與**；這個女生她現在有一個女朋友，所以我知道，她不是眞的想跟我結婚，她其實很想和她的同志戀人結婚，但很不幸，阿富汗的傳統不能接受這件事。那我們沒有眞的爲了有這個小孩上床，我們婚禮當天晚上也不會睡在一起，我之前就只是把精液裝在杯子裡面給他，然後她就懷孕了。現在就等她懷胎滿三個月穩定了，我就會去找她，跟她結婚。

范琪斐　宗翰，這個故事說到現在好像都是 Ari 在犧牲奉獻，難道沒有什麼令人覺得可疑的地方嗎？

鄒宗翰　其實就我來講，因爲我自己都希望透過代孕生小孩嘛？所以我聽到這麼多人其實她們是從 Ari 那邊得到幫助，我覺得非常非常感動。但是我當然也會想說，這 Ari……他到底想幹嘛？一方面你知道，訪問他的時候你可以透過視訊感覺到，他講這些事情的時候很有熱情，你就會想說：「哇好棒，如果也有人這樣幫忙我有多好。」但是他……後來的說法就會讓我覺得好像有哪裡怪怪的。

當我看到自己的兄弟姐妹，他們有三個、五個、七個小孩，但是他們的自由時間比我少很多，他們如果想要出門幾天，還要自己另一半同意才能去。那我有七十七個小孩，但我擁有的自由在很多方面上，都比我幫忙的這些女生還要多。就算他們只有一個小孩也一樣。我認爲一般人在當了全職的父親或母親之後，就沒有任何屬於自己的時間，也沒辦法談戀愛。像如果他們想出去約會，就一定要找褓母看小孩。不過像我，我剛從佛羅里達回來，我在那裡待了兩個星期，避開紐約的寒冬；我不需要問任何人啊，我甚至也不用訂飯店喔，因爲我有很多小孩，我可以到他們那裡住。

假如我現在從佛羅里達開車一路旅行，一路上經過十幾個州，我都有地方可以借住，所以我覺得，我雖然有七十七個小孩，但我應該比這些生一個小孩的全職媽媽還要自由。當然，這些媽媽眞的是攬了所有的重任，我幾乎就像是一個陪玩叔叔，我就到那裡陪小孩玩這樣。當然，如果有媽媽眞的需要幫忙，我週末有時候也會帶小孩到不同的地方玩，讓媽媽們可以休息一下，但大部分的苦工都是她們在做。

這樣聽起來呢，Ari 其實是想幫助世界各地的女子，也想當大家庭的父親，卻不用負擔任何的責任，甚至還可以保有個人的自由，隨時都可以到不同的地方去旅行。我忍不住想，這樣是不是也算滿自私的呢？另外，Ari 難道不擔心，有這麼多的後代，他的孩子會在不知情下，成為亂倫的受害者嗎？

鄒宗翰　他們可能在完全不知道彼此的父親是同一個人的情形下彼此相遇，對嗎？如果他們約會，可能會產生一些危險的情況？

Ari Nagel　我認爲你所說的情況是匿名捐精者會有的沒錯。如果你是匿名捐精，小孩的確會有風險，這就是爲什麼他們會限制，每個人捐精可以生幾個小孩。在美國有一個建議是，每八十萬的人口中，捐精生下來的小孩不應該超過二十五個，那以我居住的城市來說，整個紐約地區有超過兩千萬的人口，那我根本不可能超過這個限制。而且事實上我的小孩遍布美國各地，也不只有在紐約地區，再加上我的孩子們大多都知道他們的父親是誰，也知道他們的兄弟姐妹是誰。所以我覺得，今天如果我是匿名捐精生出這些小孩，才眞的有風險。

雖然 Ari 這樣說，但我想起了過去在同志家庭權益促進會的討論；由於同志家庭的孩子常常有機會聚在一起，為了避免他們約會之後才發現自己有同一個父親或母親，身世告知是很重要的。Ari 是具名捐贈者沒錯，但是他經常跟許多接受他精子捐贈的母親一起聚會，孩子們也玩在一起，這真的不會有問題嗎？

捐精超人Ari：對自己、孩子及其母親誠實，才是最大的考驗

Ari Nagel　我有一個臉書群組，這些媽媽都在裡面，就跟朋友一樣，平常也會保持聯繫。當然現在因爲疫情沒辦法常常見面，但上禮拜有一對媽媽辦了一個重溫誓詞的婚禮儀式，所以我就飛去佛羅里達州，我四個六歲小孩也在那邊，他們是從紐約和紐澤西飛過去的，然後我們就一起度過了一個很開心的假期。他們去了迪士尼樂園，我們住同一間飯店。**這些小孩互相認識、一起長大，他們的關係就是像朋友一樣**，就不太可能會有談戀愛什麼的，畢竟他們就一起長大，還一起過生日。

我這個週末也要幫一個小孩慶生，那有幾個其他也是滿一歲的小孩會來，也有其他幾個媽媽會加入。這個群組在二〇二一年的現在有大約六十個媽媽，這是一個私人的群組。沒錯，七十七個小孩裡面現在只有六十個小孩的媽媽加入這個群組，畢竟也不是所有的人都有臉書，但我們很多人透過這個群組保持聯繫，每天聊天，她們有些人甚至每天都會聚聚。

Ari的世界已經超乎常人可以想像，我很好奇，如果有人像他一樣，也想成為超級捐精者？

他會怎麼看呢？

Ari Nagel　我認爲這件事肯定有好有壞，**我不知道我會不會眞的建議有人來做，但這件事的確帶給我很多快樂**。我認爲眞正的喜悅不是說，喔，我有這麼多的後代可以傳承我的事蹟，不是這樣。我要是死了就是死了，我怎麼樣已經不重要了，我也不會享受到任何好處。

我的建議是，不要只是想要播種，你要嘗試在你的孩子的生命裡面扮演一個有正面影響的角色，這件事會帶給你快樂。而且要對這些女生誠實。**誠實可以解決很多問題，像是直截了當，說明自己已經捐精生了幾個孩子**；因爲不管怎麼樣，最後還是有眞相大白的一天。所以也不要對小孩說謊，說爸爸是誰誰誰，因爲最後總有一天他們還是會發現。**總之我認爲最重要的是對孩子誠實，因爲不管眞相是什麼，孩子終究都會有辦法處理；但你說謊的話就沒有退路了，我覺得這才是眞正的考驗**。

沒錯，至少 Ari 是誠實的，對自己和對方都是，我的確有聽過捐精者矇騙受贈者，為的只是取信對方要散播自己的基因；也有父母親矇騙孩子的身世，只因為小孩不是親生的。但誠實為上策，Ari 至少做到了這件事。

另外 Ari 告訴我，四十五歲的他打算在四十六歲收山，因為他爸爸也是在這個年紀讓媽媽懷上家中最小的妹妹。他說雖然自己可以捐精到七、八十歲，但是精子的品質會因為年紀慢慢出問題，他不希望提供有缺陷的精子。這樣想，他還是滿理性的。我最後問他，他是怎麼看待自己的精子呢？

鄒宗翰　你怎麼看待你的精子？對很多女性來說是黃金液體一般，但你自己跟它的關係是什麼？

Ari Nagel　我覺得我的精子對很多女生來說非常有價值。如果他們去診所要花一千美金，得到的量還不到我射出來的五分之一，因爲如果有男生去診所捐精，他的一份精液會被分成好幾個試管，所以診所賣給這些女生的時候，她們只能買到原來的五分之一或是四分之一的量，而且還是冷凍的，所以有一半其實都死了、不能用了。這樣算起來，她們買到的量眞的非常少非常少，跟新鮮的、不是冷凍的精子比起來大概可以差到十倍。

這些精子對我來說根本不用成本啊！卻可以幫這些女生省下很多錢，而且這些省下來的錢，她們可以拿去養小孩，所以她們何苦要把手上的資金全部投注到生殖中心呢？這些錢可以花在小孩身上啊！**這也是爲什麼我不跟她們收錢，因爲我也寧可她們可以把錢用在小孩子身上**。

你想，這個世界上每天有一堆男人在洗澡的時候打手槍，但最後射出來，都被沖掉了對不對？但我也是做同樣的事啊！只是我沒有射在牆上，我打出來射在杯子裡，就可以讓想當媽媽的女生非常非常幸福。

你對 Ari 這樣的父親感想如何？你覺得是把我們傳統概念裡的父親的角色變大了、變小了、多元化了？還是你根本不認為他是父親？那他是什麼呢？我們的工作人員人中，唯一一個有孩子的彥豪跟我說，把一個孩子帶到這個世界來，是個多巨大的責任；即使你不用養，他完全無法想像一個人身上，可以背負七、八十個這樣的責任。

故事·十二

我的一千個兄弟姊妹

我身邊有很多朋友，他們的孩子都是做出來的。他們常常會說，做試管或做人工受孕的過程對身體造成多大的負擔，但我一直是看到了電視劇《未來媽媽》才了解，對很多人來說，生孩子不只是身體的負擔很重，其實精神上的壓力更大。但我最大的疑問是，為什麼要生得這麼辛苦呢？很想要孩子的話，去領養不就結了嗎？你想要孩子，很多孩子需要父母，這不是剛剛好嗎？為什麼生一個自己的孩子會這麼重要？血緣真的有這麼神奇的力量嗎？

范琪斐　宗翰，我們上一集有提到，你跟你先生爲了要生孩子，其實是眞的非常不容易喔，那我相信這個問題有很多人問過你了，但是我想再問一次，爲什麼不考慮領養呢？

鄒宗翰　我自己有考慮，其實這在我們之中有不同的意見，但是我老公認爲說，他希望這個孩子是有我們的血緣，那我覺得對他來講，有很多綜合的因素要考量。不管是有親友告訴我們說，領養的孩子可能會在他成長過程中背負著一種他原生家庭的命運，而且是不管國籍喔！我們聽過德國的朋友分享，因爲那個德國朋友家，他的哥哥是巴西人，就是領養的，那還有台灣的朋友，就是這種法律案例的分享，包含我自己的媽媽也曾經告訴過我說，當她被姑姑領養的時候，雖然她感覺有了兩個家，可是這兩個家的連結都沒有這麼深，所以我覺得這些都在我們討論過程中成爲了一個我們做決定或思考這件事情的方向，但是我自己是很希望可以領養一個孩子，也許一個親生，一個領養。就這件事情是，對我來講它不是一個定案，它是持續在思考中的一件事。

范琪斐　血緣這件事情，你覺得對你來講重不重要？

鄒宗翰　我覺得不能說不重要。因爲當我去看我的朋友或親戚小孩的時候，我都會覺得說，誒他可能哪裡像你啊，然後哪裡是你的縮影啊，我覺得對於自己的下一代能夠有自己的，不管是長相也好、個性也好，就是你看到一個迷你的自己，我覺得那會是一個不一樣的感動。

范琪斐　可是你跟你先生，這個孩子生下來，應該只能用到你們其中一個人的精子嘛？所以其實你只有一半的機會，會眞正跟你的孩子有血緣關係。你先跟我們講一下這個過程好了。

鄒宗翰　這過程就是我們兩個人的精子都已經送去美國了。那送去美國之後呢，就會跟我們捐卵者的卵子做精卵結合嘛，形成胚胎，那不確定最後到能夠成功存活的，或者是健康的胚胎有幾個，那我們選擇的方式就是讓醫生去決定哪一個胚胎最健康，不管

范琪斐　性別，也不管是誰的基因，就把他生下來。

鄒宗翰　嗯，可是你如果生下來，你剛好沒有輪到，這樣要不要緊？（笑）

其實我想過這個耶，因爲我老公比我老嘛，比我大四歲，所以也許他可以先生一個他的小孩，如果我們有第二胎的話就可以考慮我的，那如果最後都是我老公，那也沒有關係。**因爲我覺得，我已經愛他到我覺得這個小孩完全沒有我的基因，他還是我的小孩的這種感覺。**

范琪斐　即使你自己沒有血緣，但是因爲是你很愛的人，有這個血緣就也夠了。

鄒宗翰　對。

范琪斐　可是還是要有血緣。

鄒宗翰　對我來說不一定，對我老公是。

尋覓同父異母兄弟姊妹，分享共同的奇怪經驗

這次《說故事的人》，要訪問的 Barry Stevens 對血緣有一個很特殊的觀察角度，他是透過捐精生下來的孩子。他的生父就像我們上一集提到的 Ari 一樣，是個超級捐精者。Barry 算過，他可能有一千個兄弟姐妹。

孩子沒有辦法選擇自己的出生，其實我也擔心，代孕生下的小孩有一天會怨嘆我，為什麼要把他生下來；我對於未來寶寶的擔心，也許可以從一個人的身上找到答案。

Barry Stevens與他父親Bertold Wiesner的肖像照，他們兩個從未謀面過。

Barry Stevens

嗨，我的名字是 Barry Stevens，今年六十八歲，住在加拿大的多倫多，我是一名紀錄片工作者。我是透過人工授精生下來的，也就是大家常常聽到的捐精受孕，這幾年下來我發現，我有很多很多很多同父異母的兄弟姐妹。

我跟 Barry 約在 Skype 上訪談，但因為他電腦麥克風臨時出了問題，所以改用手機跟我對談，沒有辦法開鏡頭，看不到他的人。在英國出生長大的他，雖然是加拿大人，但聲音聽起來就像很多的英國紳士一樣，講話不疾不徐，娓娓道來他的人生故事。他最近的紀錄片作品也在《公視主題之夜 SHOW》播出，叫做《世界最大的家庭 World's Biggest Family》，講述他找尋自己捐精父親，還有同父異母兄弟姊妹的故事；他也拍攝了其他捐精者生下的孩子，引起了廣大的迴響。

Barry Stevens

我的紀錄片片名的確有點諷刺啦！因爲當然，我們不是普遍那種一起長大的家人，雖然說，我跟後來相認的同父異母兄弟姐妹相處起來也還算融洽，其中還有一些特別親近的；但還是比不上從小跟我一起長大的姊姊，從出生到現在，我幾乎認識她一輩子了。雖然從基因的角度上來看，她是我同母異父的姊姊，跟其他同父異母的兄弟姊妹沒什麼不同，但實際上卻很不一樣。不過話說回來，我跟同父異母的兄弟姐妹還是有很多奇妙的相似之處。例如，**我們有共同的經驗，我們都發現自己跟父親的關係跟原本想的有出入，我們**

都覺得這個經驗很有趣。也就是說，我們的父親都不是我們的親生父親，所以我們有這種共同的奇怪經驗。但不只這樣，我們在思維模式上也有類似的幽默感，而且我必須說，我們都超級聒噪的。這跟我原生家庭的姊姊比起來，差異就非常明顯了。我的姊姊也是人工授精生下來的，但她是來自另一個捐精者；而她那一邊，也找到了十幾個同父異母的兄弟姐妹。當你看到我們全部湊在一起的時候，馬上會發現，兩邊是非常不同的。這還眞的發生過喔！非常驚人。我的姊姊和她的家人都比較安靜、比較體貼。而我這一掛的，話說個不停，還會互相插嘴，而且嗓門超大，這還只是其中的一個，一眼就能看出來的小區別而已。

在那個年代，很多透過捐精捐卵生下來的孩子並不知道自己是透過捐精捐卵生下來的。那時流行的理論是怕孩子心理受到影響，覺得自己跟別的小孩不一樣，所以過去許多捐精或捐卵者生下的小孩幾乎都是在長大之後，才發現除了自己認知的父母之外，還有基因連結的生理父母，像是 Barry 就是在他十八歲那年才得知他自己的身世。

Barry Stevens

那年夏天，我們的爸爸因爲一場意外去世了。到了聖誕節前後，我們在蒙特婁，那是爸爸過世後的第一個聖誕節。我媽媽說，她有話要對我們說，叫我們坐下來，大概是平安夜吧！我不記得了，總之在聖誕節前後。

GEORGE IV
Everday
Perfect
Day
Favourite!

Barry Stevens與他的兄弟姐妹們

當時對我來說，是一個衝擊，我的意思是，不是那種很糟糕或是痛苦的打擊，只是有點像是……哇！還眞沒想到啊！（笑）然後你會馬上想說，那不知道這個捐精的人是誰啊？但是我媽媽說，我們永遠都不會知道是誰，所以當時我也只好接受。但我當時覺得其實滿酷的；我的意思是，當你十八歲的時候，你會喜歡一些讓你覺得自己很特別的東西，所以我當時覺得：「試管嬰兒耶！滿酷的！」而且是第一批透過這種科學產生、而不是性行爲產生的人類。所以我覺得很酷，我也算是某種先驅者欸！

很長一段時間，蠻好玩的。有時候我會跟人家說，像是偶爾我會跟某任女朋友說：「欸，跟你說個有趣的，我是靠別人捐精生下來的。」但當時，沒有什麼人眞的感興趣。然後到了九〇年代，大家的反應忽然變成「哦！我的天啊！」大家忽然變得很感興趣，這裡面有一個文化的轉變，是滿奇怪的。我不太清楚爲什麼會發生這種情況，或者說，這到底有沒有關聯。

子女如何看待自己的捐精父親？情況因人而異

很多國家的法律規定捐精捐卵的人要匿名，像台灣就是。我想，這應該是為了要減少將來的法律糾紛才這樣設計的吧？怕未來的子女找上門要遺產，或是捐精捐卵的人跑來搶小孩之類的。Barry 就是透過匿名捐精生下來的，所以當 Barry 想要找出他的生理父親時並不容易；花了很多工夫，最後才確定，他的父親是英國生物學家維斯納（Bertold Wiesner）。維斯納跟他的妻子巴頓（Mary Barton）一九四〇年代在倫敦開設生育診所，專門幫不育夫婦提供「高智商男士」捐出來的精子來進行人工受孕，這個診所一直經營到一九六〇年代，後來他們銷毀了所有的醫療記錄，讓這些嬰兒在長大之後沒有辦法追查生父的身分。Barry 是透過基因檢測和網路連結，才發現自己可能有六百甚至到一千個兄弟姊妹。我問 Barry，他跟其他維斯納捐精生出來的子女，是怎麼樣看待他們這個生理父親呢？

Barry Stevens

大家的看法或許的確有一些分歧啦！我們其中有些人覺得這蠻酷的，所以會想要去追查、了解這個天才科學家維斯納，關於這個生父的一切。雖然他已經過世很久了。還有一部分的人不太喜歡他，認爲他不顧倫理道德、不負責任。至於我的哥哥大衛，他也有在我的紀錄片裡，他跟我最親近也認識最久。二十年前，就是他和我一起解開誰是捐精者這個謎；而大衛覺得，他比較偏向不喜歡他、不認同他的做法。其他人……這有時候會引起一些……一些討論或內部的分歧。

我自己呢，是在中間；我既不譴責他，也不崇拜他，我覺得他很有趣。而且對我來說，很顯然地，我發現……關於我的一些事情，關於我的思維如何運作，關於我的個性，也許甚至我可以看到來自於他。這就像一面遙遠的鏡子，看見了他，也照出了我自己。我認爲這個比喻很有畫面，一面來自很久以前的鏡子，而這個鏡像在某種程度上也反映在兄弟姐妹之間，我覺得這是件好事。我是在中年的時候發現的，那時我這個人已經成型了，所以並沒有造成太大的困擾，只是一種：「喔，這蠻有趣的，我覺得這件事很迷人。」**但跟有些人不同的是，我自己對這個捐精者在情感上並沒有太深的牽絆，無論是正面的還是負面的**。

對 Barry 來說，**他把自己的尋父過程擴大為一項拍攝計畫，去了解其他捐精者生下的人對自己的身分有什麼看法；這也迫使他去思考，到底自己跟養父和生父的關係是什麼？**

Barry Stevens　以前，有的記者會問我：「所以誰是你的眞正的爸爸？」他指的是跟我有血緣的生父，一般人這樣想是非常有趣的。在英文裡面，「to father」這個動詞的意思是和女人發生性關係有了小孩，但是「to mother」在英文裡卻是一系列的行爲，這個詞主要的意思是哺育、照顧、去愛，去撫養孩子長大。這非常有趣，這兩個詞的含義多麼的不同。但對我來說，我總是得糾正那些記者說：「不，我的父親就是我眞正的爸爸。雖然他和我沒有血緣關係，但他就是我的父親。」我想我們這些捐精者生下來的孩子，大多數人都是這樣想的；**有些人對於曾經被蒙在鼓裡，或許會感到受傷或憤怒**，但也許對我來說，比較沒有這種感覺，因爲我的母親告訴了我們眞相；而我選擇踏上尋找這個人的路。所以在某種程度上，我算是把一些人也攪了進來，讓他們知道了這件事。他們沒什麼選擇，或許這對他們來說，是比較痛苦的。

對捐精家庭來說，不誠實、不透明才是隔閡與傷害的主因

他在紀錄片當中提到，自己跟爸爸的關係不親，兩個人之間好像總是隔著一層薄霧，直到媽媽解謎身世，他才恍然大悟；那些年，跟爸爸之間的隔閡其來有自。

Barry Stevens

在我找到我的其他兄弟，開始慢慢查出誰是捐精者的時候，我訪問過我的媽媽。我媽媽說，對啊！眞的很難，因爲得一直抱著一個秘密；**而這個秘密在某種意義上，阻隔了家人的親密連結**。因爲在這個家庭的核心裡有一個謊言，小孩子不知道，但是父母親知道。所以，這造成了一種……不誠實。我想這影響了我爸爸，但當然這也很難說；因爲我出生在英國。雖然我是加拿大人，而英國在那個時候，父親的角色往往跟家人有更多的距離感，跟現在的相處模式不太一樣；但我想，在很多地方，父親與孩子的關係比較疏遠，是常見的。就算是這樣，我還是忍不住感覺到，我的父親對我有所保留；他沒有辦法完全扮演好我希望他扮演的父親角色，但你知道嗎？我還是愛他的。他是一個很棒的人。他是一個很棒的人。

我也問了他，跟媽媽的關係是不是有受到這個事件的影響。

Barry Stevens

我媽她算是非常勇敢，在我爸爸去世後終於跟我們說出眞相。我想這可能是因爲，在悲傷中的她有點孤單，很想念她的老公。她跟我們說，有個心理醫生告訴她，我們這些小孩一定早就發現事有蹊蹺了。我很感謝她告訴了我們，這拉近了我跟她的距離。所以你知道，我跟我媽媽之間確實有過一些問題，但是那跟這件事也不一定有關係；但對她來說，**這個秘密成爲了一個負擔，跟小時候被蒙在鼓裡的我比起來，隱瞞眞相對她造成的負擔更大**。

但我想，作爲捐精者的後代，就捍衛自身權益來說，或是就法律層面而言，我覺得**我們有權知道自己的故事，我們有知道眞相的權利**，這不是關於說：喔！知道眞相，可能會讓我們受傷，或是能夠幫助我們什麼。**這個決定跟是否能爲我們帶來療癒的效果無關，而是一個權利的問題；一個人知道自己是怎樣來到這個世界上的權利**。

這個藏在家中的潮濕秘密逐漸發霉，讓家人的感情變質。此外 Barry 也認為，這不只是個別家庭的問題，所以他決定，把觸角延伸到整個捐精和捐卵的產業。**他認爲不誠實跟不透明，很可能會造成各種不幸悲劇**。

大多數精子銀行會說，他們有制定各種規範，像是美國生殖醫學會規定每八十萬人的社群當中，不得有超過十個孩子來自同一個捐精者。這很荒謬，因爲人會四處遷徙。在美國，這樣的孩子總共到底有多少？可能要計算一下才會知道，但總之，眞的很多很多，所以這種規定其實是很荒謬的，就算精子銀行或是醫學界有這樣的規範，很多時候他們還是陽奉陰違。也就是說，即便有規範也不遵守，甚至撒謊。

像是最近有一個案例。有一位卵子捐贈者發現自己有遺傳性疾病，這件事一開始，是她要取卵做人工授精，但因爲費用昂貴，爲了支付這筆費用，她捐贈了許多的卵子給診所；坊間的確有這種做法，也就是所謂的卵子共享，透過刺激女性荷爾蒙產生大量的卵子；其中一些用來授精，並進行人工受孕，而剩下來的就捐贈給診所，藉此來支付療程的費用。而診所則把這些卵子凍起來，之後再賣給其他需要的女性。後來，這名女性發現自己有遺傳性疾病，就打去診所問說，她的卵子有沒有被用來進行受孕？診所就說：「沒有沒有沒有，一個都沒有。」結果她去捐精捐卵者的登錄網站一查，才發現其實是有的。這種相關的法律訴訟很多，也有診所對捐精者說：「不用擔心，你在奧瑞岡州只會有五個孩子。」結果由於 DNA 登錄網站的普及，終於紙包不住火，他才發現自己有大約二十五到三十個孩子。他甚至不知道眞的到底有多少，他當初有說因爲自己住在奧瑞岡，所以只希望捐給東岸的人；結果後來發現，其中一個靠他捐精生下來的孩子，竟然成了他女兒的同班同學。

攸關生命的捐精／卵產業，大多不想面對「人」的課題

Barry 的紀錄片逼得整個捐精跟捐卵產業要直面這些問題，他要求不該再有任何的匿名制度。我問 Barry，紀錄片拍出來之後，是否成功影響了捐精捐卵產業，讓他們負起更多的責任？

Barry Stevens　我不知道啊。我的紀錄片會對產業有實質影響？嗯老實說……可能吧？但就算是現在捐精者的後代能夠透過像是家譜公司「先祖」（Ancestry）或是基因技術公司「二十三與我」（23andme）的 DNA 鑑定，在臉書上跟彼此相認、找到世界各地的親人，但是他們之間的連結還是停留在個人層面，會互相分享說：「啊！我的情況是這樣。喔？很高興認識你！」**但大家似乎對於改變法律或是挑戰這些大財團都不怎麼感興趣**。**不過，這也有國家上的差異，像是澳洲就很積極，英國也修改了法律**；跟領養的孩子一樣，捐精者或捐卵者的後代，也有權利在往後的日子裡取得捐贈者的身分資訊；澳洲甚至還有一個往前回溯的案例。但像是美國、加拿大，或是法國，都不是這樣。所以還是因國家而異。不過我認爲他們有在改變，因爲這些公司已經認知到，一般消費者就可以做自我 DNA 檢測，一切都被攤在陽光下。所以他們現在會告

訴捐贈者說，不能保證他們的匿名性。他們已經開始這麼做了。當然現在仍然有一些診所和一些醫生，還沒有跟上這種潮流，但一些規模較大的診所已經開始不再接受匿名的捐贈者。當初匿名背後的原因是，做這一行的，從實際的商業角度來看，冰箱裡的人體組織和電腦文件單純多了，這些處理起來相對容易。進行人工授精，這是醫療行爲，簡單明瞭、乾乾淨淨，一結束就能拍拍屁股走人。嬰兒出生，大功告成，銀行裡就有錢進帳。但是，反觀人與人之間的關係卻會一直持續，這裡頭有需求、有慾望，非常複雜。這塊是他們不想去處理的，大概也不想面對；爲此，他們就必須拋開捐贈者的身分。仔細想想，**把捐卵者的卵子放到另一個女人的身體裡，或者用一個陌生人的精子幫一個女人的卵子授精，這樣的事情本身就是奇怪又不尋常的，這跟人類過去幾百萬年來繁衍生命的方法很不一樣。**

一個跟生命有關的產業居然這麼害怕面對人。聽他分享完，我自己也感覺憂心忡忡，不曉得自己的代孕抉擇是對還是錯。這時候很恰巧，他的鏡頭居然打開了；出現在我面前的，已經不是紀錄片當中的黑髮壯年男子，而是鬍鬚鬢白、慈眉善目的老人家。他開始向關心晚輩一樣，詢問我代孕的歷程；我告訴他，我們聽了前輩的建議，基於健康的理由，選擇基因跟我們比較遙遠的白人與拉丁人混血的捐卵者，目前正在配對的階段。

Barry Stevens

對啊！這就是所謂的「混種優勢」，我也相信這種做法。這跟納粹的觀點正好相反，他們認爲，最好要盡可能維持血統單一；**我自己也是混血，一半英國人，一半猶太人。**

如何對孩子坦然，並從「緣分」的角度理解關於「製造生命」的種種相遇

不過，對於同志家庭來說，小孩子的身世告知，本來一直就是採取比較開門見山的態度。事實上在美國，第一個允許捐精者身分揭露的精子銀行案例，就是針對加州女同志群體的小孩子們。那時候是一九八〇年代，後來瑞典也有案例；因為如果是女同志家庭有了的話，馬上就會被問說：「你們是怎麼生下這個孩子的？」男同志家庭也是。所以這就很明白了。**因爲說謊也沒有什麼意義，所以我覺得你們不會，也不可能去隱瞞；所以一定得要說實話。**然後另外……當然，這個孩子也不會長得太像你們，因為他有白人跟拉丁人的血統。我想說的另一件事是，我希望你們對孩子坦然，他可能會想去認識捐卵者或是代孕者，甚至跟她們建立連結，而這些捐卵者或代孕者也是；可能在她們生命中的某個階段，小孩會想去找她們，或者是她們可能想來找你們。我想這會是你們要考慮的問題；也許不是在剛起步的階段，但是在後面的日子裡，終究可能會遇到。

想起來真的是很奇妙的交集。Barry 是捐精者生下的小孩，而我跟我老公，正在尋求捐卵

者的幫助，這促成了一段很特別的對話，我們也產生了某種連結。既然這麼有緣分，我也想深入他的內心，聽聽他，如果有機會再見到兩個爸爸，會想對他們說些什麼。

Barry Stevens

如果有機會跟我爸爸說話，我可能會滿激動的，畢竟他已經離開這個世界半個世紀了。我會跟他說：「能夠再見到他，眞是太好了！」我也想跟他說，**我知道自己的身世了，很遺憾當初沒有讓你感覺到，可以親口告訴我這件事**。就算我知道，也不會有什麼不一樣的。或許，會讓我感覺好一點吧？除了人工授精這件事之外，我還想說，你在我十八歲的時候就過世了，而現在的我也已經是個老人了。我幾乎和你過世的時候一樣老了。我想，我算是過了很長又有趣的一生；如果可以，我多麼希望你也能多活一段時間，這樣我就能夠以一個成熟的男人的身分來了解你，但無論如何，我愛你，謝謝你。

對於那個捐精者維斯納，我會說，你是不是有點誇張啊？有沒有搞錯啊？六百多個孩子耶！你覺得這樣 ok 嗎？不過，我也會想跟他一起相處，跟他徹夜聊天，聽聽他想說什麼，如果他對我感興趣，也可以問我問題。**我爲自己解開這個謎團感到驕傲**。我會告訴他：「我可摸清楚你的底細啦，老兄！」這有點像，**我是一個偵探，多年來一直在追查一個連環殺手，最後我終於見到他了！也逮捕到他！只不過他不是奪人性命，而是製造生命**。他，就像是個連環殺手，但實際上，卻是個連環生命製造者。

故事・十三

卡在中間的人

很多年前我還住在紐約的時候，有一年全家到紐約陪我過年。有一天我從外面回來，就發現兩個妹妹都氣噗噗的。范媽是愁容滿面，只有范爸正常，還在做他平時最常做的事，就是非常鎮定地坐在角落看報紙。最神奇的，是那同一份報紙他已經看三天了。

總之，我問范媽怎麼回事，她把我拉到一邊，悄悄地告訴我：「你兩個妹妹在吵架。」吵什麼我已經不記得了，大概就是明天要去哪裡玩之類的吧？我跟范媽說，你就直接做個裁決說，誰對誰錯不就結了嗎？范媽很嚴肅地告訴我說：「不行，我要維持中立。」

維持中立，聽起來是一個最開放、最不會得罪人、最容易達成共識的路線。民主要成功，不就是要靠中間派將兩邊的人拉進來，才能夠異中求同嗎？今天我們這一集《說故事的人》，就想來跟大家講講一個很想要維持中立的人，這個想盡辦法要走中間路線的人，發生了什麼事。

社子島 位於台北市，卻是一個很不像台北的地方

范琪斐　我的台語不大好啦。
謝文加　你台語聽得懂喔？
范琪斐　我聽得懂啦，只是那個……我太久沒有講了。
謝文加　啊我國語也很久沒有講了。
范琪斐　沒關係啦，你最自然的方式就好了。
這是台北市社子島福安里的里長謝文加，他說他做為一個里長，一定要維持公正中立，尊重所有人的意見。他自己也認為，自己很努力的去執行了，結果，謝文加在去年底成為台北市有史以來第一個被罷免成案的里長。不過，在談謝文加為什麼被罷免之前，我們先來看看謝文加是個什麼樣的里長。

范琪斐　你爲什麼會想要出來選里長？
謝文加　我二十八歲那時候就做社區的理事了。那時候人家就叫我選了，但那時候小孩還小，我太太不同意。所以說，到了四十九歲，小孩已經都上大學了，這邊的鄉親就叫我選里長。我出來選，結果就上了，一下子就上了。
范琪斐　我這樣算一下，你說四十九，就一做十五年？

謝文加　十四年。

范琪斐　十四年了齁，所以這邊就更熟了吧，鄰里親戚什麼的。

謝文加　本來就很熟了啦，小時候到現在都很熟了啊！

雖然社子島位於台北市的士林區，但跟我印象裡的台北實在差很多。我有一次騎腳踏車在社子島的外圍的河堤走了一圈，我當時就覺得奇怪，怎麼好多小工廠跟農地，都是矮房子，一棟高樓都沒有。這次為了《說故事的人》進到社子島裡面來做訪問；我有一次比團隊早到了一點，本來想說去買杯咖啡，結果走了半天我都找不到地方買，還看到很多三合院。我當時就想：「台北市區還有三合院喔？」社子島不只市容不像台北，連鄰里關係也不像台北。就像謝里長說的，這邊大部分的居民都很熟，要不是親戚，就是好幾代的朋友。

范琪斐　我想知道說，是不是大家都認識很久了？

衆　人　很久了。

李華萍　只有我沒有很久。（笑）（衆笑）

范琪斐　你嫁過來也有三十年。

李華萍　三十年，因爲我上班不拋頭露面。我上班就離開社子島，下班就回到家也不出去。

這是李華萍。她明明嫁進社子島已經三十多年了，還在說自己是外面來的，因為包括她的

大家，大部分鄰里朋友的家族全都在社子島已經住了一、兩百年。我接著問一旁的阿祝姨跟寶貴姨認識多久了。

范琪斐　你們兩位認識多久？你剛剛說。

楊陳寶貴　我們就是出生就在這裡了。祖先就是在這邊居住了，自然而然繁衍下來的就是這個樣子。

李華萍　姐，你幾歲？

楊陳寶貴　我七十歲啦。

李華萍　那他們就認識七十年了。

楊陳阿祝　我八十二歲，過年之後八十三歲了。

你看，我覺得這個關係就很難得，現在有多少人可以說，我認識七十年的朋友天天可以看到，真的很⋯⋯。

鄰里互相幫助的田園生活；里長服務範圍遍及「修馬桶」

楊陳阿祝　我們住在這個地方，大家互相照顧啦。

社子島當地住民的聚會農舍

李華萍　阿姨講這個故事我插一下，阿祝姨跟月意姐的田喔，就是在隔壁；田在隔壁，不是住家在隔壁。

月意姨跟阿祝姨一樣都八十多歲了。我們訪問的時候，我問阿祝姨的名字怎麼寫，她急急忙忙掏出身分證給我看；旁邊的人幫她解釋，說她小時候沒念過書，所以沒法寫自己的名字。月意的臉上有風霜的痕跡，因為先生長年臥病在床，所以農地裡的所有工作就落到月意一個人身上。

李華萍　因爲月意姐要照顧先生，一個人種田養家蠻辛苦的，然後因爲種田過程當中，沒辦法來來回回去煮飯對不對？阿祝姨好感心喔，每天準備午餐給月意姐。這就是互助，很珍貴的一個社會互助網絡，很珍貴！這個外面眞的是完全找不到的，而且是發自內心的一定要照顧她這樣。社子島眞的是一個很特別、很特別的地方，像我們上個禮拜跟鄰居吃飯時，他就在講說，最近社子島高麗菜收成了，然後不知道誰就在我家門口，掉了兩顆高麗菜。我也不知道是誰，因爲掉了就走，這很平常的日常生活中會發生的事情。它就是一種溫暖，一種暖度，所以我們很喜歡這種生活方式，不喜歡那種冷冰冰的方式。

七十多歲的楊陳寶貴，也跟我們講了個她自己家的八卦。

楊陳寶貴　我們這邊是一個很好的，現在台北市找不到的，很好的守望相助，而且是免費的喔。像我那個小兒子，有一次跟我說他要去騎腳踏車，結果他騎到……八里那一邊去，很巧我姊姊剛好開車從那邊經過，她就跟我講說，你兒子跟幾個小孩在那邊騎腳踏車喔，這樣子。我說：「你怎麼知道？」她說，你兒子穿什麼衣服、坐在哪，她都有看到。那我兒子回來我就問他，你跟我說，你要去騎腳踏車，給果你給我跑到八里那邊去？很小，那時候才國小六年級而已哩，我們怕車子危險啦。結果人家就告訴我說，你兒子腳踏車騎到哪裡去，那我就知道回來可以整理他了啦。我就跟我兒子講，我說你們不能做壞事喔。你們不要想說，媽媽的眼睛看不到，我是派了很多監視器在看你們喔。不要想說媽媽沒看到，你跑再遠，都會有人來告訴我。

我聽的時候忍不住微笑了起來。下一次來的時候，要去問問她的兒子，對社子島這個免費監視器的看法。也許是因為鄰里間實在很熟，我覺得做里長的謝文加的服務範圍有夠廣泛的啦。

謝文加　現在他們要是說，旁邊有壞掉的機車，我就趕快去拍照聯絡，看是沒牌的就環保局，摩托車有牌的就警察局，要聯絡他們趕快來拍照、拖吊。如果說有樹枝，我就聯絡環保局來載。我們禮拜天做清潔日，就看哪條路比較髒，就去掃、去清。里民有時候反應說，要去醫院，我就趕快聯絡醫院，欸，有的還叫我們幫他修理馬桶。

范琪斐　你可以叫你里長來幫你修馬桶喔？（笑）

謝文加

有啊有啊。如果我們自己不會的，就叫水電來幫他處理。有的我們去幫忙清家裡，喔！有的家裡你根本沒辦法處理，進去簡直要昏倒，裡面只有一個睡的地方、棉被而已，就請人來處理。消毒水噴一噴。喔還有一次，有一個把他老婆的骨灰罈放在門口，就放在隔壁牆角這樣耶！人家隔壁就一直說，里長你也幫忙處理一下，我就利用一個機會去跟他說：「你低收的，你要不要拿去放在公塔裡，不然會被沒收。」她老公嚇一跳，才說好好好！我就趕快聯絡社會局，請師公做法然後帶走。這些，喔，我們做太多了啦。

所以這樣一個又幫里民打掃、通馬桶，還要幫忙移動骨灰壇的里長，是怎麼弄到里民要罷免他的呢？這，得要回溯到五十年前。

禁建令宛如社子島的金箍咒——房屋無法修建，颱風淹水時慘不忍睹

社子島位於台北市延平北路七段到九段那一帶，夾在基隆河跟淡水河之間，面積有三百零二公頃，大概是十二個大安森林公園那麼大。雖然郵遞區號也是台北市，但社子島的命運卻差很多。一九六三年有個葛樂禮颱風造成大淹水，大台北地區泡在水裡三天三夜，為了預防以後再這麼淹，於是在一九六七年，內政部將社子設定為滯洪區，一九七〇年經濟部將社子島列為

洪泛區。這是什麼意思呢？

我去 google 了一下才知道，這是指河堤外面，要有一塊臨時貯存洪水的低窪地區，這是為了保住重點地區的防洪安全、減輕災害所做的措施。為了保全大局，而不得不犧牲局部利益的全局考慮。在社子島的情況，這個大局指的是河堤內的台北市精華區，被犧牲的局部利益就是社子島了。謝文加說，他小時候．社子島是真的很常淹水。

謝文加　淹水的時候，這邊的路是一下雨就淹水。淹水的時候，淹進來的時候是一片白茫茫啦，那時候房子沒有這麼多，水流出來有樹啊、樹枝、髒東西，有時候上面還有雞、有豬，所以說那個情形我小時候看了眞的會怕，水流很快。那時候房子沒這麼密，田都是一片汪洋。水要是過了，髒東西全部都會卡在菜園裡面，小時候看了眞的會怕。

因為被劃為滯洪區，所以又有個禁建令，就是禁止在社子島做任何的建設與開發，這就造成了居民不管房子再老舊，都沒有辦法合法改建整修。

陳惠民　這裡的房子就是都五十年以上。

這是社子島富洲里的里長陳惠民。

陳惠民　以前比如說鰗，一些合法建築物，那些公寓，你如果說以前的化糞池，剛開始的化糞池還有那個功用，到五十年以後，那化糞池有什麼功用？塞的塞，現在都直接排在水溝，現在排泄的那些東西、洗澡水或排泄物，都是流在水溝；流在水溝的話，下雨的時候全部都流在路面上。這個不要說在台北……連最鄉下的地方也找不到這種地方鰗。大馬路從那個水溝滿起來、流出來，都是化糞池的那些東西，親眼可以看到，它從這邊一直流流流，流到國小旁邊，一直流出去。

所以，你覺得大家有可能全部都忍住不修嗎？結果就是，違建房屋高達九成。據說違建比例社子島是全台灣最高。因為禁建的關係，公共建設也不進來，好的投資也不進來，進來了一堆撿便宜的污染工業。

陳惠民　以前社子島種蔬菜是全台北市最大的供應區。現在是，大家種蔬菜感覺不划算，大家都種鐵皮屋啦！因爲種鐵皮屋比較好賺。社子島裡面，目前土石場跟一些垃圾回收場差不多三十幾家。新北市做資源回收或土石場，都在把它大量的整頓嘛。他們大部分都搬到社子島裡面。這邊土地便宜啊，又是三不管地帶，那一些廢水都是排到水溝，要不然就是排在路面。所以這邊的居住環境眞的很不好；不是我在嫌我們自己的地方，我們小時候，這裡的生活環境還要好很多。最基本的，這邊有兩個診所，還有兩攤豬肉攤，還有一些賣菜的，還有麵館，啊現在咧？現在這些東西都不

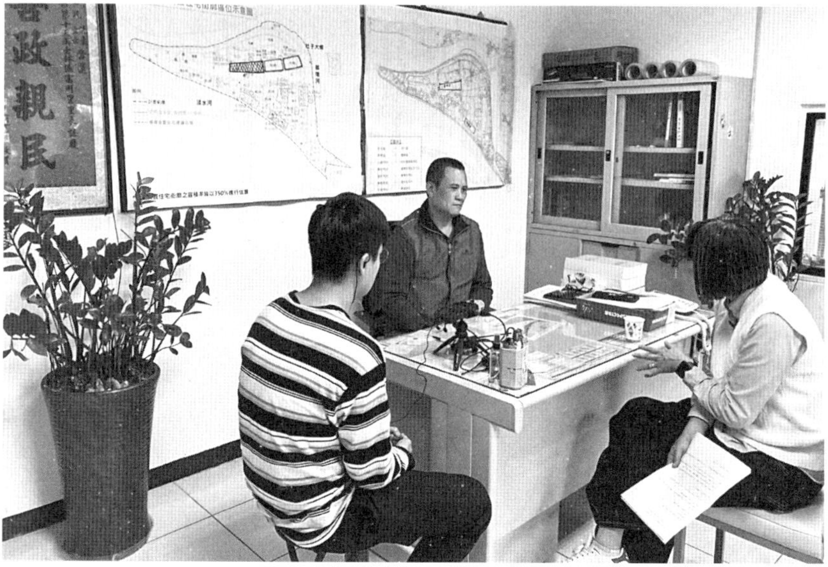

范琪斐與富洲里里長陳惠民

「士林社子島地區區段徵收開發案」開發範圍

見了。你如果需要民生用品，就是要跑到外面。不要說台北市的鄉下啦，你說一般的鄉下啦，最基本的，看到一、兩間超商滿簡單的，這裡一間都沒有。我們這裡就是古時候的柑仔店，就是老人家在顧而已。他兒子也不可能來顧店，就是老人家七、八十歲了那邊在顧，要買個蛋、要買個醬油那些有；你如果要買個肉、買個魚，這裡完全沒有，找不到地方買。

這裡要特別強調一點，二〇〇五年基隆河上游的員山子分洪工程完成之後，加上近幾年的簡易排水工程，社子島已經很久沒有發生重大淹水，但禁建令一直還在。居民們對於改變現狀的意願其實是非常高的，大家都希望這塊從祖先傳下來、世世代代居住的土地能夠變好，留給未來子孫一個有希望的未來，**但社子島的禁建令就像一個緊箍咒，讓這裡的居民有夢也不敢做**。

過去五十年，台北市共歷任十三位市長，有八位提出社子島需要開發的政見。最近一位就是現任台北市長柯文哲，我們跟大家一樣叫他柯P吧。總之呢，柯P提出的這個案子叫做「生態社子島」，二〇一八年的六月經內政部通過了。

聽到這個消息的社子島居民，應該很高興吧？一點都不是這樣。其中的關鍵點就是，根據柯P的規劃，開發案的土地取得要以區段徵收的方式來進行。講成白話文就是，政府認為這塊土地有公益性。於是呢，就要全部居民把土地交出來。重新規劃建設完之後，一部分會保留為公共設施，就是公園之類的，全台灣的人都可以享用。剩下的土地就會賣給建商，建商回饋給市府的，有可能是錢、有可能是房子，這就會拿來支付原先居民拿土地出來的地價，一部分就拿來支付市府建設的工程費用。

區段徵收：夷平歷史文化脈絡？解決房地、淹水問題的曙光？

柯P這個區段徵收的構想，在社子島產生激烈辯論，一派堅決反對區段徵收，李華萍就是這個主張。

李華萍　阿姨他們一直強調，房子是我的，土地是我的，我們這個土地，像阿姨他們都住了一、兩百年以上，大哥也住了兩百多年以上，世代住在這個地方。民國政府還沒有來的時候，這是我們的私有財產耶，可是現在中華民國成立了以後，已經是台灣解嚴的國家，土地它還是……你雖然是私有財產權，但是今天政府跟你講說，你環境不好，我要改善你的環境，我就要去區段徵收。或者是說，我認爲你這邊的防洪設備不夠好，我要幫你提升到兩百年，我要幫你蓋一個九．六五公尺高的河堤，因爲我財政沒有辦法平衡、沒有辦法負擔，所以我就要採全區區段徵收，來徵收你所有的土地，以防洪計劃綁住社子島居民的財產權。我們認爲，這是非常不合理的部分。

為了怕自己的土地會被徵收，居民王木琳說他哭了十三次。

范琪斐　爲什麼哭十三次？

王木琳　我每一次拜我爸爸，我就哭了。「爸爸，你剩下這一點財產，我都沒有辦法幫你保護好，我白活在這個世界上。」他是用那個公告地價拆我們的房子耶。啊你現在住得好好的，幹嘛要給他拆，給你個兩百萬，以後你還要貸款八百萬？我們不用負債的生活啊！我們這樣逍遙，這樣好像天堂，人間的天堂社子島。晚上睡覺絕對沒有卡車聲音，沒有汽車聲音啦，你可以安安穩穩睡一覺。我每天晚上睡覺，夢到的還是我們在這一塊地，小時候抓螃蟹、抓魚、抓蝦子那種回憶、那種睡覺、那種安穩，那個建商他們是看上這裡的地理環境啦，講老實話是這樣。

除了擔心財產權受損，李華萍也擔心，原先社子島特殊的文化、特殊的景觀也會消失不見。

李華萍　我們也一直強調說，我們其實不反對社子島發展，**沒有人會反對社子島發展，沒有人會反對社子島的未來要愈來愈好，沒有人會反對**。但是我們會反對說，你今天用區段徵收的方式，把這些人的房子鏟平了、拆掉了、土地也搶走了，然後把一切的聚落、一切的文化、一切的歷史脈絡，全部都把它夷平了，我們會反對這樣子鏟平式、抹平式的方式，而且這是一個很殘忍的部分，在社子島生活了兩、三百年以上，這邊原來的歷史文化傳承下來，像我們有很珍貴的百年文化「夜弄土地公」，或者端午節划龍舟，這一些都是很珍貴的文化。文化本來就是要代代傳承下去，那你今天整個區段徵收下去了，以後整個都抹平。

「夜弄土地公」我也是第一次聽說。元宵節是社子島最大的節日，每年在這一天，社子島上呢，就會由四名壯丁抬著土地公、坐著轎子遶境，沿途就會有信徒、商家，把點燃的鞭炮丟向土地公的神轎；鞭炮放得愈多，財運愈旺。因為是朝土地公放鞭炮，所以叫「夜弄土地公」。

李華萍說，土地公遶境都有一定的路線、一定的空間，不是保留幾間歷史建築物就叫保留文化。除此以外，區段徵收的補償，大多補償有地的人，但社子島住了上千戶沒有地的人；中低收入戶及獨居長者也有四百多戶，在區段徵收之後，何去何從也是問題。

但是像陳惠民就覺得，不用區段徵收，社子島的開發根本遙遙無期；同樣是看社子島的歷史，但在陳惠民眼中完全就是另一回事。

陳惠民　我非常贊成區段徵收，區段徵收才能把這個很複雜的東西簡單化。

陳惠民跟我解釋，由於社子島的居民大概都在社子島住了一、兩百年，最早買地的祖先如果有三個孩子，地就是一人三分之一，三個兒子再各生三個孩子，地就變成一人分到九分之一。過了這麼多代，現在一塊土地的持有人可能有一、兩百人。還有那種因為跟你交情好，就讓你在我的地上蓋房子，有時候付租金，但有時候是無償的。這種有屋無地的房子也是代代流傳下來，甚至轉賣過了。在社子島，很多事情都因為這個所有權的問題變得很難解決，他跟我舉了一個例子。

陳惠民　下雨天會積水，那個水溝三、四十年前就這麼寬，五十公分，現在也是五十公分。我那時候當里長時有向市政府反應，建議他們把水溝挖寬、挖深一點，但挖不出來。

范琪斐　為什麼？

陳惠民　那是私人土地啊，每個人都要蓋章啊。挖一百公尺就要一、兩百個人蓋章，其中有一個不蓋章，就沒辦法做了啊。在我任內，我也跟市政府一直強調，一直講。我跟他說，要不然你水溝幫我挖，責任我來扛；要不然每下一次雨，前面都是積水，這邊有圖可以證明。

范琪斐　你說你責任你扛了，市政府後來挖了沒呢？

陳惠民　他們也不挖。他們說要地主同意，我有去查了啊。有的比如說，已經轉賣好幾手，有的住在美國、有的住在日本、有的住在南部，我要去怎麼找他們？我說，如果找一、兩個人來做代表，他們說不行。他們說會有法律上的問題，所以他們也不行。別的地方我是不敢講，如果以社子島來說，你不用區段徵收做處理，根本任何問題都解決不了。

全力遊說區段徵收的「促進會」VS.萬萬不接受的「自救會」

陳惠民也提到了，社子島年輕人口移出的問題。

陳惠民　說眞的啦，開發對我們後代子孫有很大的幫助啦！現在像我的年紀，我們的後一代大部分都結婚生子。他們老婆娶一娶，大部分不住在這邊；因爲最基本的，地方住不下，這是第一點。第二點，年輕人下來的話，連一個超商也沒有。現在年輕一輩的，比如說：「你住在哪裡？」住在社子島他們也不太敢講出來；因爲就是給人家就是鄉下的感覺；生活品質很差，有開發社子島的話，年輕一輩才有回來的意願。

對於李華萍希望保住社子島的文化跟自然景觀，陳惠民也有疑問。

陳惠民　保存九大聚落，就是每一個角頭、庄仔腳都保存、都不要開發，那旁邊怎麼開發，對吧？保存文化，一個開發案起來，就不能夠保存嗎？一個開發案起來，像內湖那邊也是「夜弄土地公」阿，內湖那邊的「夜弄土地公」，還比我們這邊厲害啊。以前我當主委的時候，他們有一些學者專家就在那邊看說，夕陽很美；坐在堤防那邊有看到一些鳥。我就跟他講，你如果有錢又有閒，坐在那邊看夕陽、泡茶、喝茶的話，那眞是一大享受。我如果今天沒有經濟壓力，我在這邊講，不過我們社子島裡面沒有辦法像你們……。

范琪斐　這麼悠哉。

陳惠民　而且他們還講說，在這邊要低密度開發，要留一些給鳥，那也是教授級的，有兩個教授。我就跟他們講說：「如果人不比鳥的話，爲什麼人不能住，要給鳥住呢？你是把我們看成什麼呢？」人口外移已經很嚴重了，大家都禁建；你要先考慮到人，再考慮到一些動物嘛。

慢慢的，社子島的居民就形成兩大陣營，贊成用區段徵收的這邊，就成立了「社子島居民權益促進會」，簡稱「促進會」，全力遊說居民，同意區段徵收；反對的居民這邊，成立了「社子島居民自救會」，簡稱自救會，全力遊說居民，萬萬不可接受區段徵收。

剛開始兩邊都還是好好講，但隨著社子島要開發的消息越受矚目，外面的投資客也來了，買下一部分土地，希望區段徵收之後，投資便可以快速回報，他們很多人加進了促進會的行列。

同一時間，很多專家學者也來了，提供了以前區段徵收造成問題的案例，供自救會參考；最常舉的例子就是，隔壁洲美里在十六年前進行區段徵收，結果根據遠見雜誌的報導，台北市府潛在獲利三、四百億，企業投資客都賺到錢，但最吃虧的就是里民，像洲美里的里長蘇府庭，就認為安置辦法不合理，洲美里有三分之一的居民被趕出家園，配售屋蓋了十二年才交屋。

社子島居民之間的衝突開始升高，互指對方散布不實資訊。現在我們再回去談談謝文加。

范琪斐與福安里里長謝文加

對，就是那個會幫里民修馬桶的里長謝文加，我問他站那一邊。

謝文加里長堅持兩邊都尊重、都不偏袒，但卻慘遭罷免

范琪斐　「你怎麼樣說我不要偏哪一邊？因為我覺得兩邊都是親戚朋友啊。」

謝文加　就都尊重人家的意見啊。我跟你說啦！你要開發也沒錯啊，不開發也沒錯。你們都有理由啊！我當里長的人當然想說要站中間啦，我是尊重大家的意見。一開始我是依著這樣的想法去中立，我也尊重你們要開發的，然後不開發的人我也尊重。**但當初我也有叫他們兩方溝通，但他們不要**。

范琪斐　你怎麼樣叫他們溝通？

謝文加　我是說：你們一邊派三個人，有什麼條件大家坐出來講。但他們……反正大家都踩得很硬、堅持己見，我就沒辦法啊！所以他跟我說，我都沒在溝通；我要溝通，你們不要啊。

范琪斐　他們不要，是哪一邊不要？

謝文加　兩邊……我跟你說啦！一下子這邊不要，一下子那邊不要啦！所以我要怎麼做？

范琪斐　先是誰說不要？（笑）

謝文加　自救會啊！他們說：理念就不同，講一下就吵架。促進會就只是一直要我開里民大會，但里民大會開了，大家又要吵架。里民大會是政府以前資訊不透明的時候，透

過里民大會來傳達這個訊息；現在資訊這麼發達啦，你何必又造成困擾，讓大家來吵架？而且我一廣播，人家就馬上給我打一九九九。

為什麼里長一廣播，里民就會不爽到要抗議呢？這待會我會解釋，但大家現在應該看得出來，這個社子島開發案的溝通過程很不順利。促進會——贊成區段徵收這一邊認為，謝文加偏袒自救會；於是去年九月就開始動員，要提案罷免謝文加。罷免的理由除了三條直接與社子島開發案有關的，像是主張空洞啦、沒盡到市政宣導的任務啦；此外還指控謝文加散布不實訊息，製造里民對立。有一條說，謝文加有大頭症、自以為是，另有一條說，謝文加侵占公物，指的就是那個廣播用的麥克風；這個罷免案在去年十月底成案了，並宣布要在十二月中投票表決。

范琪斐　那你怎麼知道他們要罷免你的？第一次聽到是在哪裡？

謝文加　他們裡面的人跟我說的啊。

范琪斐　你那時候聽到的時候，是什麼感覺？

謝文加　**感覺好像心要碎了！**我是眞心在做這個工作，當作是良心事業耶；我是眞心想爲艱苦人經營，結果是得罪這些利益團體啦！

范琪斐　你會不會覺得很冤枉啊？

謝文加　對啊正常人一定會啊！除非我是瘋子、是笨蛋、沒感覺！四個月的煎熬耶，四個月的煎熬耶！什麼送去選委會多少，什麼有過、沒過，幾個月都在那邊煎熬耶！

這四個月，指的就是自連署罷免開始到真正投票那一天。謝文加說那段時間他常常失眠。

謝文加　十二點睡，兩點就醒來坐在客廳；每天過著這種生活，這種日子過得了嗎？我是正常人啦！不然會瘋掉啦！

謝文加罷免案在去年十二月十二日進行投票。投票算是相當踴躍；投票率約百分之五十一，投票結果同意罷免五百一十五票，不同意罷免一千六百六十六票，無效票十票，罷免案沒有通過。

范琪斐　罷免沒有過嘛，那知道結果時心情怎麼樣？那時候感覺怎麼樣？

謝文加　那個感覺喔，那個鞭炮真的是放到，好像……那晚我出去謝票，鞭炮放得比選議員還多。那個二十七巷的鞭炮，從頭放到尾，到處都是鞭炮，比選議員還多。那個心情真的無法說，不知道要怎麼說。所以現在，里民就是給我一個公道啊；我也是感覺有點安慰，里民給我一個公道；出去有阿婆倒茶給我，然後就抱著我哭，你知道嗎？所以說，也是有感情的一面啦。

范琪斐　你很高興嗎，那個時候？

謝文加　不會，已經四個月，那個高興不起來了，我不騙你。

僵持許久，問題回到原點，但鄰里和睦卻成過往雲煙

其實我覺得，不管贊成區段徵收的陳惠民、反對區段徵收的李華萍，或是想要站中間的謝文加，都是真心在為社子島的將來設想，大家都想要社子島更好，只是勾劃的願景不同。在陳惠民眼中，他希望社子島繁榮進步，跟隔一條河，另一邊的台北市精華區一樣，有漂亮的市容、完整的生活機能，大家都賺錢；李華萍則是希望保有社子島的田園風光、濃郁的人情味，小農、老農保有他們的工作權；想要站中間的謝文加，則想要保住低收入戶及貧困的鄰居，不會失去安身立命的地方。這三方真的無法達成共識嗎？

范琪斐　那現在你覺得，開發案會過嗎？你覺得有可能嗎？

陳惠民　現在說眞的啦，我目前還蠻擔心的。因爲已經走到這個地步的話，再去給他喊卡，那社子島就完全沒有人會進來了，也沒有多加一個瘋子要來開發這邊，因爲開發社子島，現在面積算是蠻大的；你要來開發社子島，如果沒有那個魄力的話，你要從頭再來，沒有一個人願意來碰這一塊。

我也問了李華萍一樣的問題。

范琪斐　你覺得這個事情很快解決的機會高不高？

李華萍　不高、完全不高，因爲他沒有做到溝通啊；沒有溝通的話民怨四起，抗議只會一次比一次更激烈而已啊。你看今天社子島抗議的聲音全台灣都看到耶。全台灣都看到了，而且憲法它有保障我們的生存權、工作權還有居住權，那我們這些有被保障嗎？這個區段徵收幾乎是違憲的邊緣。

范琪斐　可是華萍，我必須要講，這樣是不是又陷入一個僵局啊？

李華萍　其實說實在，如果你這個計畫開發了以後，今天沒有比明天更好的話，我們絕對反對到底。你說僵局也好，就讓他反對到底。

范琪斐　那怎麼辦呢？我的意思是說，我們又回到原點了……。

說回到原點並不精確，因為社子島原本和睦的鄰里關係，很明顯受到這個可能的開發案很大的影響。陳惠民說，因為他贊成區段徵收，一些不同立場的叔伯、姑姑都不跟他說話了。

陳惠民　大家都變對立的，對立到我看到你、我就討厭你，你看到我你就賭爛這樣，而且這個可能愈來愈嚴重。

王木琳也說，很多小時候一起長大的朋友都不講話了。

范琪斐　有沒有一個什麼衝突的情況，或者是？

王木琳　沒有啦，因爲我輩分較大，所以說有的叫我叔叔，有的叫我叔公，不講話、不打招呼已經很嚴重了啊！不然我們這一輩的，你看到叔叔不打招呼，爸爸就會這樣打下去。他們完全不把我們社子島大家一起生長，那一種感情很綿密的部分考慮進去，爲了錢竟然……。我也很傷心，因爲社子島案才讓我知道，唉唷！世間居然很多這麼壞的人，我們一起長大的耶！大家六、七十年一起長大的，怎麼會搞到現在，爲了一個開發案喔！唉唷！我現在看到那種人我會怕，那種人心喔……會讓你很厭惡。

李華萍因為擔任自救會的發言人，也遭受很多壓力。

李華萍　我因爲社子島案哪，出來當發言人嘛，結果鄰居是贊成開發的。然後，我們市政府在福安國中開會的時候，他就過來說：「你是李華萍。你過來，我問你，你爲什麼反對區段徵收？」就直接這樣子。

范琪斐　這個鄰居後來碰到時怎麼辦？因爲鄰居都會碰到。

李華萍　不會講話。就完全不會講話，因爲他們大致上都會瞪我。（笑）

范琪斐　妳，不舒服吧？

李華萍　很難過、會怕。所以出去的時候，他們都跟我講，要我出入要比較小心，所以我就會瞻前顧後，看後面有沒有人跟蹤我。我眞的是這樣子耶，離開我家的時候，我就會看一下，看看有沒有不明人士，或者是贊成區段徵收的人靠近我，會特別的小心。

最後我問謝文加，有沒有後悔堅持要站中間。

范琪斐　你覺不覺得，搞了這樣一圈，還不如當初選一邊站，就算了？

謝文加　我是不會啦！我是認爲他們太可惡了啦！我是不會這樣想，只是覺得他們有夠可惡啦。**我尊重兩邊的做法，都尊重**；當初我也沒有偏一邊，我說我尊重你們，結果你們跟我搞成這樣。

范琪斐　你覺得以後你還會這樣嗎？就是說，你想維持中立，結果後來⋯⋯。

謝文加　以後我不會客氣啦！我要改變我的做法，不管來到市議會還是到哪裡都一樣，我不會客氣了。我以前都很含蓄、都很保留，不會說很衝動或怎樣，以後我要改變了啦，對不對！這樣還是那樣。今天我替里民爭取，還是這樣，里民有看到就好了啊！我是做給里民的啊！不過講難聽點，我做一份工作，今天當里長就要低聲下氣，好像一個麻糬任人搓任人揉，對不對？今天又不是說我貪錢，要來這裡賺錢去還。

站在中間的人決定依照心中的尺，走上保存文化、弱勢權益之路

在經過被罷免這一次經歷之後，謝文加說，他現在已經選擇站在自救會這一邊。除了他本來就主張社子島的文化要保存、弱勢的權益要被照顧，跟自救會的立場比較接近之外；當然自救會在這次罷免案中為他動員，他也很感動，所以決定加入這一邊。我比較意外的是里長這個職務，謝文加說，他還是會繼續做下去。

謝文加　我看到這個地方建設落後，還有一些地方的人在炒地皮，一些有的沒的。今天我就爲了艱苦人感到不服啦！今天，我有房有地，外面也有房子，對我來說這也很好啊！但我今天就是堅持。我爸說過一句話：「名聲用錢買不到啦，對不對！**人要有良心，心肝做好，不能去害人。**」我就是堅持我老爸說的話。

走中間，到底是條比較好走的路，還是條比較艱難的路？在現在愈來愈分裂的社會裡，中間這條路愈來愈窄，有時窄到都在走鋼索了。因為想走左邊的人，只要一心向左就好；走右邊的人，只要管右邊有沒有路走；但只有走中間的人，會同時受到左右兩邊的人攻擊；只有走中間的人，得要左右兩邊的人都要照顧。你的顧全大局，可能被視為立場不堅定；你的不偏心在旁人看來，就是偏心。因為要走中間，所以要有更多的耐性，要有更多的妥協，要不停地說服；

說服完左邊的人再來說服右邊的人。很多很多的時候，還要不停說服自己：我的妥協、我的耐性、我的委屈，都是值得的；因為只有這樣，才能讓更多的人一起往前走。

國家圖書館出版品預行編目(CIP)資料

說故事的人，在療傷的路上/ 范琪斐作 ; 梅醴安譯. -- 初版. -- 新北市 : 黑體文化出版 : 遠足文化事業股份有限公司發行, 2022.09
面； 公分. -- (黑盒子 ; 6)
ISBN 978-626-96136-9-4 (平裝)

1.世界傳記 2.訪談

781

特別聲明：
有關本書中的言論內容，不代表本公司／出版集團的立場及意見，由作者自行承擔文責。

黑體文化　　讀者回函

黑盒子6

說故事的人，在療傷的路上：十三組在家與國之間往復的真實故事

作者・范琪斐｜責任編輯・徐明瀚｜校對・施靜沂｜插畫・阮永翰｜封面設計・林宜賢｜版型設計・陳筠蘋｜出版・黑體文化｜副總編輯・徐明瀚｜總編輯・龍傑娣｜社長・郭重興｜發行人兼出版總監・曾大福｜發行・遠足文化事業股份有限公司・讀書共和國出版集團｜電話：02-2218-1417｜傳真・02-2218-8057｜客服專線・0800-221-029｜讀書共和國客服信箱service@bookrep.com.tw｜官方網站・http://www.bookrep.com.tw｜法律顧問・華洋國際專利商標事務所・蘇文生律師｜印刷・中原造像股份有限公司｜排版・菩薩蠻數位文化有限公司｜初版・2022年9月｜定價・380元｜ISBN・978-626-96136-9-4